- 福建省社会科学规划项目（FJ2020C021）
- 国家自然科学基金项目（71401185）
- 福建省自然科学基金项目（2020J01461）
- 福建省中青年教师教育科研项目（JAS19026）

不确定信息下的供应商组合优化

韩知秋 ◎ 著

知识产权出版社
全国百佳图书出版单位
—北京—

图书在版编目（CIP）数据

不确定信息下的供应商组合优化/韩知秋著. —北京：知识产权出版社，2020.11
ISBN 978-7-5130-7111-6

Ⅰ.①不… Ⅱ.①韩… Ⅲ.①供应链管理—组合规划 Ⅳ.①F252.1

中国版本图书馆 CIP 数据核字（2020）第 148884 号

内容提要

本书系统地研究了不确定信息下供应商组合优化问题。讨论选取适当数量的供应商组成组合并为组合内供应商优化订单分配的方法，进一步地，又研究了含有模糊和随机信息时以及考虑风险偏好的企业的订单分配模型。主要内容包括：不确定信息下供应商组合选择模型、不确定信息下供应商组合订单分配基础模型、供应商组合订单分配直觉模糊规划模型、供应商组合订单分配机会约束规划模型、考虑风险偏好的供应商组合选择及订单分配模型。

责任编辑：韩 冰 李 瑾　　　　　责任校对：王 岩
封面设计：回归线（北京）文化传媒有限公司　　责任印制：孙婷婷

不确定信息下的供应商组合优化

韩知秋 著

出版发行	知识产权出版社有限责任公司	网　　址	http://www.ipph.cn
社　　址	北京市海淀区气象路 50 号院	邮　　编	100081
责编电话	010-82000860 转 8126	责编邮箱	hanbing@cnipr.com
发行电话	010-82000860 转 8101/8102	发行传真	010-82000893/82005070/82000270
印　　刷	北京建宏印刷有限公司	经　　销	各大网上书店、新华书店及相关专业书店
开　　本	720mm×1000mm 1/16	印　　张	10.75
版　　次	2020 年 11 月第 1 版	印　　次	2020 年 11 月第 1 次印刷
字　　数	246 千字	定　　价	69.00 元
ISBN 978-7-5130-7111-6			

出版权专有　侵权必究
如有印装质量问题，本社负责调换。

前　言

在市场竞争日益加剧的今天，供应商已成为影响企业发展的关键因素之一。同类原材料的供应商之间存在较大差异，正是这些差异，使得供应商提供的产品往往存在优势互补，供应商组合比单一供应商更具优势。

原材料供应中存在各种不确定信息，只有正视这些信息，才能做出正确决策。基于此，本书对制造型企业的原材料供应商组合优化问题进行了研究，讨论选取适当数量的供应商组成组合并为组合内供应商优化订单分配的方法。进一步地，又研究了含有模糊和随机信息时以及考虑风险偏好的企业的订单分配模型。主要包括：

（1）不确定信息下供应商组合选择模型。在实际生产活动中，企业需要选择最合适的供应商来保持竞争力，而这一选择包含着复杂的变量，如生产商的需求量、决策者的满意度、供应链绩效和质量约束等，需要有效的方法。因此，本书提出一个基于多准则分析的模糊 0 - 1 规划模型，该模型依据用于选择单一供应商的多准则分析矩阵而建立，通过求解可选出最合适的供应商组合。这一结果比现有多准则分析方法依据单一供应商排序逐个选择供应商来组成供应商组合更有优势。

（2）不确定信息下供应商组合订单分配基础模型。本书建立了原材料需求模糊情况下的供应商组合订单分配模型，将企业原材料需求约束标准由一个精确值扩展为一个模糊范围，反映了多数企业在这一问题中所面临的现实情况。通过模糊规划方法，寻找在企业的可接受范围和偏好下，最优化整体效用的订单分配方案。最后，分析了该模型的特性，讨论了其与传统约束相比所具有的优势。

(3) 供应商组合订单分配直觉模糊规划模型。本书研究了产品标准可改变且限制次要目标过度优化的订单分配规划模型。将企业标准扩展到模糊范围，引入隶属度和非隶属度来限制企业对单个标准的过度优化，尽可能地降低成本。并寻找使总绩效最高的次品率、缺货率等标准值，以使各标准尽可能更优的情况下总成本最低。

(4) 供应商组合订单分配机会约束规划模型。本书研究了包含随机信息和模糊信息的订单分配规划模型，及其在制造型企业应急采购中的应用。基于此，通过机会约束规划方法，寻找各标准尽可能更优的情况下总成本最低的订单分配方案。应急采购问题对交货时间有着明确的约束，然而，对于存在许多人工环节的制造企业而言，交货时间更符合具有一定期望值的随机因素。

(5) 考虑风险偏好的供应商组合选择及订单分配模型。本书引入基于前景理论框架的扩展模糊 PROMETHEE 方法，对导致决策者在方案非常多时犹豫的多个参考点的多个前景进行建模，进而比较这些复杂的模糊前景，并集成为符合认知的决策结果，用于供应商评价和选择。在此基础上，研究该类型企业的订单分配方法。

目　录

1　绪　论 …………………………………………………………… (1)
　1.1　研究背景与研究意义 ……………………………………… (1)
　　1.1.1　研究背景 ……………………………………………… (1)
　　1.1.2　研究意义 ……………………………………………… (2)
　1.2　国内外相关研究进展 ……………………………………… (2)
　　1.2.1　供应商选择方法研究 ………………………………… (2)
　　1.2.2　供应商组合选择方法研究 …………………………… (6)
　　1.2.3　供应商组合订单分配方法研究 ……………………… (7)
　　1.2.4　其他与供应商优化相关的研究 ……………………… (10)
　1.3　研究内容与本书结构 ……………………………………… (12)

2　不确定信息下供应商组合选择模型 …………………………… (15)
　2.1　三角模糊数及其 α 截集 …………………………………… (16)
　2.2　供应商组合选择规划模型 ………………………………… (21)
　　2.2.1　基本假设 ……………………………………………… (21)
　　2.2.2　准则构建 ……………………………………………… (22)
　　2.2.3　供应商组合模糊规划 ………………………………… (24)
　2.3　不确定信息下供应商组合选择模型 ……………………… (26)
　　2.3.1　效用函数 ……………………………………………… (26)
　　2.3.2　决策步骤 ……………………………………………… (28)
　2.4　算例分析 …………………………………………………… (29)
　2.5　比较分析 …………………………………………………… (32)

— 1 —

2.6　本章小结 ……………………………………………………… (35)

3　不确定信息下供应商组合订单分配基础模型 …………………… (36)
3.1　基本假设 ……………………………………………………… (37)
3.2　供应商组合订单分配模型 …………………………………… (37)
　　3.2.1　初始模型 ……………………………………………… (37)
　　3.2.2　等价模型 ……………………………………………… (39)
3.3　算例分析 ……………………………………………………… (43)
3.4　比较分析 ……………………………………………………… (46)
　　3.4.1　企业标准改变对订单分配的影响 …………………… (46)
　　3.4.2　供应商绩效改变对订单分配的影响 ………………… (53)
3.5　本章小结 ……………………………………………………… (59)

4　供应商组合订单分配直觉模糊规划模型 ………………………… (60)
4.1　预备知识 ……………………………………………………… (61)
　　4.1.1　基本假设 ……………………………………………… (61)
　　4.1.2　约束构建 ……………………………………………… (62)
　　4.1.3　直觉三角模糊数 ……………………………………… (62)
4.2　供应商组合订单分配模型 …………………………………… (64)
　　4.2.1　初始模型 ……………………………………………… (64)
　　4.2.2　等价模型 ……………………………………………… (66)
4.3　算例分析 ……………………………………………………… (74)
4.4　讨论分析 ……………………………………………………… (77)
　　4.4.1　企业标准对订单分配的影响 ………………………… (77)
　　4.4.2　供应商绩效对订单分配的影响 ……………………… (85)
4.5　本章小结 ……………………………………………………… (90)

5　供应商组合订单分配机会约束规划模型 ………………………… (91)
5.1　基本假设 ……………………………………………………… (93)
5.2　供应商组合订单分配模型 …………………………………… (93)

5.2.1　初始模型 ·· (93)
　　5.2.2　机会约束的转换 ···································· (96)
　　5.2.3　模糊约束的转换 ···································· (99)
5.3　算例分析 ·· (102)
5.4　讨论分析 ·· (105)
　　5.4.1　随机性因素的影响 ································ (105)
　　5.4.2　模糊性因素的影响 ································ (109)
　　5.4.3　确定性因素的影响 ································ (112)
5.5　本章小结 ·· (115)

6　考虑风险偏好的供应商组合选择及订单分配模型 ·············· (116)
6.1　可能度方法和前景函数 ·································· (117)
　　6.1.1　可能度公式 ··· (117)
　　6.1.2　前景函数 ·· (124)
6.2　考虑风险偏好的供应商选择模型 ······················ (124)
　　6.2.1　供应商选择模型 ···································· (124)
　　6.2.2　案例分析 ·· (126)
6.3　考虑风险偏好的供应商组合订单分配模型 ·········· (132)
　　6.3.1　供应商组合订单分配模型 ························ (132)
　　6.3.2　算例分析 ·· (134)
6.4　讨论分析 ·· (135)
　　6.4.1　灵敏度分析 ·· (136)
　　6.4.2　与其他方法的比较 ································ (138)
6.5　本章小结 ·· (139)

7　结论和展望 ·· (140)
7.1　主要工作和创新点 ·· (140)
7.2　展望 ··· (141)

参考文献 ·· (143)

1 绪 论

1.1 研究背景与研究意义

1.1.1 研究背景

随着全球经济一体化的发展和企业间竞争的加剧，供应链管理已成为企业提高自身核心竞争力的一种重要方式。作为供应链管理的上游活动，原材料供应是影响企业发展的关键因素之一，一般工业企业采购成本超过总成本的70%。与之相对的是，同类原材料的供应商之间存在着较大的质量、交货时间等方面的差异，且其中往往存在优势互补。因此，恰当的供应商组合既可以避免单一供应商的供应中断行为，又可以提高总绩效，这使得研究供应商组合对企业来说很有意义。

在供应商组合内，如何优化各个供应商间的订单比例同样是一个重要的问题。合理地进行订单分配，可以在不影响企业生产计划的前提下优化总绩效。建立订单分配模型的难点在于成本并非唯一考虑的对象，通常需要同时关注其他的一些因素或约束条件。

然而，在日益发展和复杂的市场环境中，原材料供应存在各种不确定信息，如影响产品质量的不确定信息、企业实际需求含有的模糊信息、影响交货时间的随机信息等。只有考虑到这些不确定信息，才能正确做出决策。

因此，本书将系统地研究供应商组合优化这一问题，分析供应商组合选取方法和数量，以及它们之间进行订单分配的方法。然后，研究含有模糊和随机信息时的订单分配模型，以实现供应商优化问题中供应商组合整体绩效最大。

1.1.2 研究意义

在日益复杂的社会化大分工中，供应商配置问题具有明确和广泛的实际应用背景。一方面，消费的多元化需求导致新产品生命周期越来越短，令企业对供应商的供货表现和要求越来越高，对供应商的依赖程度也越来越大；另一方面，宏观经济周期和市场需求的波动，以及自然和人为因素导致的各种风险，令企业在选择供应商时处于不确定的决策环境中，这使得评估和选择供应商比起以往显得更为重要和困难。

当前的供应链管理理论与实践均明确地指出，对于现代企业而言，供应商组合比单一供应商更具优势。同时，供应商选择后，其合作往往又是一个长期的行为。因此，这一过程中，如何从纷繁的不确定信息出发，卓有成效地挑选出最合适的供应商组合，并合理地在组合中进行订单分配，是一个值得深入探究的问题，具有显著的理论意义与实际应用价值。

1.2 国内外相关研究进展

本节从供应商选择方法、供应商组合选择方法、供应商组合订单分配方法和其他与供应商优化相关的研究四个方面介绍与本研究相关的国内外研究进展。

1.2.1 供应商选择方法研究

要解决供应商选择问题，首先应该建立选择依照的评价标准和决策目标，后续的决策原则和决策模型实际上是在相应的评价准则体系上，对不同供应商综合表现的一个测度。之所以如此，是因为简单的单目标决策原则很容易引起实际选择中的价值冲突。部分研究对这种标准进行了简化，Gendreau 等[1] 假定产品之间存在互不相容的限制时，从不同供应商处采购产品的标准应是使成本最小。然而，Qi 等[2]的研究却表明，在供应商竞争中，比起批发价格，供应商的可靠性往往起着更重要的作用。实际上，越来越多的学者认识到供应商选择，实际上往往要同时考虑多个目标，它是一个涉及多种条件和因素的复杂决策。

对于这些目标和标准，Cui 等[3]在使用西门子公司的 31 个创新外包项目进行案例研究时，发展出供应商选择指标和成功项目管理驱动因素间的扎根理论，发现成功的选择标准往往与供应商的过去记录或以往经验相关联。而在这些标准中，不确定性也是影响选择的关键性因素之一，Riedl 等[4]根据来自美国和中国的 461 个调查对象的数据，研究了供应商选择决策中降低不确定性的问题，并发现降低不确定性能够提高供应商决策绩效。Masi 等[5]给出了在 EPC 公司选择供应商技术的元模型。Kaufmann 等[6]分别在中国和德国各统计了 150 个供应商选择决定，研究买方国家工作环境对供应商选择决策的影响。Hwang 等[7]研究了中国台湾地区集成电路制造业第三方物流的关键评价准则。Ross 等[8]的研究结果表明，买方公司信息共享的尺度和供应商公司准时交货风险的水平之间有统计上的显著关系。Thornton 等[9]研究发现，选择供应商时考虑社会责任因素的公司，其财务报告更具优势。Zerbini 和 Borghini[10]在研究供应商选择问题时加入了供应商的形象化和社会化能力。Kull 等[11]进行了一个供应商选择行为实验。

近年来，在供应商选择中，也有学者开始考虑环境因素，提出绿色供应商这一概念，并得到了广泛的研究[12,13]。Saeedpoor 和 Vafadarnikjoo[14]研究了绿色供应商发展项目评价问题。Igarashi 等[15]探讨了现有的绿色供应商选择的文献。Theißen 和 Spinler[16]使用网络层次分析法来评价与选择最合适的供应商，制造商能够利用这种方法，评估在二氧化碳协同减排管理办法的实施中最合适的合作伙伴。Hashemi 等[17]根据经济和环境两方面的准则提出了绿色供应商选择模型。Mahdiloo 等[18]将指标分解成技术、环境和生态效率，并提出新的绿色供应商选择方法。Kannan 等[19]提出了一个基于绿色供应链的实践标准的分析框架，使用模糊 TOPSIS 方法为一家巴西的电子公司选择绿色供应商，发现四个关键指标分别是高级管理层对实行绿色供应链管理的承诺、可回收再利用的产品设计、遵守环境法律的要求和审计程序以及避免或减少使用有毒有害物质。Kannan 等[20]提出了一种称为模糊公理设计的多准则决策方法，为新加坡塑料制造公司选择最佳绿色供应商。Igarashi 等[21]评估了挪威公共部门供应商选择的环境准则。

供应商选择方法已有许多研究，最新研究思路主要集中于利用模糊多准则决策模型[22-24]、模糊规划模型[25-27]对问题的多目标特征加以建模。由于数学规划模型常需要决策者设置许多合适的定量参数，相对较为复杂，因此，多准则分析方法更为常用。之所以采用模糊模型，是因为模糊不确定性信息在供应商选择问题中扮演了越来越重要的角色，这种对可预见的未来前景的未知和不确定性，很难用传统随机变量的概率分布进行刻画。

其中，模糊多准则模型的研究较为常见。例如，Wu 等[28]研究了模糊多属性决策方法在供应商选择中的应用，Shen 和 Yu[29]提出了一种综合模糊策略供应商选择方法。总体上，所使用的方法主要为模糊 TOPSIS 方法和层次分析法及其扩展模型。Lima Junior 等[30]比较分析了模糊 TOPSIS 方法和模糊 AHP 方法在供应商选择问题中的应用。Wood[31]将直觉模糊 TOPSIS 和熵权法用于供应商选择。Safa 等[32]使用 TOPSIS 方法研究了施工材料管理模式中的供应商选择。Li 等[33]使用公理模糊集和 TOPSIS 方法解决供应商选择问题。Kilic[34]提出一种模糊 TOPSIS 方法和一种混合整数线性规划模型，在多项目、多供应商环境下选择最好的供应商。Pitchipoo 等[35]结合模糊层次分析法和灰色关联分析法给出了一种结构化的供应商评价模型。Kar[36]研究了应用层次分析法、模糊集理论和神经网络的供应商选择混合群体决策支持系统。Ho 等[37]提出一个结合 QFD 和 AHP 方法的综合分析方法，以提高采购决策的有效性。Rezaei 和 Ortt[38]使用模糊层次分析法，根据供应商的能力和合作意愿来进行供应商分组。Sivakumar 等[39]结合层次分析法和 Taguchi 损失函数的方法研究模型框架和案例，所提方法可在矿业产品中用来衡量由于外包供应商在相关利益和风险因素上的表现所造成的损失，并确定最佳供应商。

相对而言，由于模型的复杂程度较高，模糊规划模型的研究稍少。Sheikhalishahi 和 Torabi[40]研究了厂商考虑生命周期成本和风险维护的供应商选择模糊规划。Hammami 等[41]开发了一个混合整数规划模型，以解决国际范围的供应商选择问题。Subulan 等[42]使用模糊目标规划模型研究了闭环供应链电池回收问题。

另外，也有许多其他的模型方法被尝试应用于供应商选择问题中。例如，Osiro等[43]使用模糊推理和简单模糊网格相结合的方法来评价供应商。Lin[44]提出采用模糊网络分析法来解决具有多准则和不确定性的供应商选择问题。Jain等[45]研究了用数据挖掘对潜在供应商进行初步筛选的方法。Omurca[46]提出了一种智能的供应商评价、选择和开发系统。Zhang等[47]使用模糊集理论和ANP方法来研究包含不确定信息和关联准则时的最优供应商选择方法。Heidarzade等[48]使用基于区间二型模糊集距离的聚类方法研究供应商选择问题。Liou等[49]提出了一个基于模糊积分的决策模型，描述了不同准则之间的关联关系。Yu和Wong[50-52]研究了多产品供应商选择问题。Rezaei[53]提出了一个双向的合作伙伴选择方法。Jin等[54]研究了竞争供应商且不确定供应商质量的两阶段采购流程。Pearn和Wu[55]给出了比较两供应商是否能力相同的假设检验方法。Kuo等[56]讨论了碳足迹库存路径规划和热点供应商选择方法。Lin和Kuo[57]提出了基于产量指标的多重比较方法。Kim和Wagner[58]从产品配置的角度研究供应商选择问题。

针对这些研究，也有学者对不同的供应商选择方法本身进行了比较。Wu等[59]给出了供应商选择的多个方法，并给出选择有效方法的建议。Keskin[60]给出了一种提高供应商选择和评价质量的模型。

随着理论研究成果的丰富，越来越多的供应商选择的实证研究也得以开展[61]。例如，李海林和姜俊[62]建立了军品供应商整体供应绩效的评估算法。Balcik和Ak[63]研究了一个救援组织的供应商选择问题，该救援组织要与多家供应商建立框架协议，以确保能够快速且具有成本效益地采购救援物资，应对突发灾害。Falagario等[64]讨论了在公共采购中的供应商选择问题，帮助授标委员会按照政府采购法规和要求完成招标，保持程序透明、保证公平和对所有投标方平等对待，使用扩展的数据包络分析来解决供应商选择问题，使用交叉效率评价从合格候选人中选择最佳的供应商。Tang和Hsu[65]利用模糊偏好关系模型评价TFT-LCD电视嵌板制造业关键供应商。Rajesh和Ravi[66]以电子供应链为案例进行了研究，选取六个备选供应商，计算了供应商选择的灰色可能度值，进而对供应商进行了优先排序。Hsu等[67]研究了评价和选择海上供应商的方法。Qian[68]考虑了基于市场的价格、交货时间和服务水平依赖的供应商选择问题。Wu 等[69]从保护重要产品知识产权的视角研究了外包时的供应商选择问题。

1.2.2　供应商组合选择方法研究

随着供应链规模的日益复杂化和不确定性的增加[70]，供应中断风险[71,72]下的供应商选择和管理，已经成为现代企业管理者面临的最具挑战性的任务之一。Gurnani 等[73]采用实验研究的方法研究这一问题，受试者被要求给两家成本和风险不同的供应商下订单，以满足终端客户确定性的需求，结果表明，理论上根据成本和风险参数的不同，最优的订货源应是来自更可靠的（同时成本更高的）供应商，或风险更高的（但成本更低的）供应商，然而，在实验中，显示了系统化地倾向于在两种不同的采购源之间采取多样化订单。也就是说，为了在不确定信息下建立起稳定可靠的供应链系统，企业倾向于选择具有不同特征的供应商组合来代替单独供应商。

同时，随着经济全球化发展步伐的加快以及新兴技术的广泛应用，越来越多的公司开始在全球更大范围内建立自己的供应链体系，并在全球范围内选择供应商，这也对复杂的供应商组合选择提出了更高的现实挑战[74,75]。

从理论上，由多个供应商组成的供应商组合除了可以有效降低不确定性，达到优势互补外，Jiang[76]的研究还进一步表明，供应商之间的直接竞争对系统有微妙的影响。与制造商同时从一个供应商采购所有组件相比，按顺序地从多个供应商采购组件可以使制造商和每一个供应商受益。

这种商业环境的变化和理论的发展，使得关于供应商选择问题的研究逐渐从唯一供应商[77]转向多供应商的情况。正因如此，有部分研究开始关注供应商组合选择的问题，其中，Han 等[78]使用模糊多准则分析方法研究了供应商组合的选择问题。Nepal 和 Yadav[79]考虑多个成本和风险因素，研究了在全球采购环境下的供应商选择方法。Hammami 等[80]研究了在不确定汇率波动和价格折扣存在下的供应商选择问题，考虑一个买家从多个分布在全球范围内不同种类的供应商处采购产品，同时买家决定供应商的选择和购买数量决策。Feng 和 Shi[81]通过供应多样化缓解风险，推导出一个基于多级储存的最优价格政策，并建立基于成本的最优的供应商选择策略。Tan 和 Alp[82]研究了多供应商订货问题。Merzifonluoglu[83,84]针对多供应商的报童问题，考虑了平均风险优化模型中的风险中性和风险规避目标，并研究了供给、需求和现货市场波动的风险厌恶型供应组合选择。Adeinat 和 Ventura[85]研究了由一个特定的零售商和多个潜在的供应商组成的供应链，提出一种混合整数非线性规划模型。研究结果表明，零售商的最优采购策略是选择多个供应商，但不充分利用主导供应商的供应能力。

进一步地，由于市场波动、需求不确定，以及供应商和生产商之间的信息不对称等原因，供应商选择中还存在一定的动态性。许多学者注意到了这一情况，并提出动态选择供应商的方法。Mafakheri 等[86]提出了一个两阶段多准则动态规划方法来处理供应商选择问题。Hosseininasab 和 Ahmadi[87]提出了一种基于潜在供应商价值长期趋势、稳定性和协作关系的两阶段供应商选择程序，在第一阶段中，根据一系列标准对供应商进行评估，并为其分配一个可比较的值；在第二阶段中，将此值输入多目标组合优化模型，在长期条件下进行分析。该模型通过最大化供应商的预期值和发展潜力，且最小化相关风险，来确定供应商组合。Herbon 等[88]提出了一种有限规划视野下供应商选择的离线排序动态权重方法。Chen 和 Deng[89]构建了一个动态的逆向选择模型，使供应商能够观察到自己的生产效率，同时在合同期限内，制造商能够获得丰富但不精确的这类生产效率信息。

1.2.3 供应商组合订单分配方法研究

由于供应商的供应能力通常都能超过其潜在的订单数量，自然而然，在多供应商的情况下，一个重要的问题是如何优化在各个供应商间的订单分配[90-92]，该问题近年来也得到了国内外学者的广泛关注，且所关注重点也各有不同。例如，Chaturvedi 等[93]关注于最大限度地减少采购和资格评估成本；Yim[94]从理论上研究得到了单一或多个供应商及其配额是否最佳的充要条件；Xiang 等[95]研究了两个不同的订单分配策略，分别为基于生产能力的策略和基于生产负载均衡的策略；Renna 和 Perrone[96]研究了动态集群内多供应商生产商环境下的订单分配问题；Ray 和 Jenamani[97]提出了一种报童模型中供应和需求均不确定的最优订单分配模型；徐辉和侯建明[98]讨论了在需求不确定条件下完全信息与不完全信息下的多供应商—单制造商的订单分配模型；蒋大奎等[99]则注意到了大规模订单分配和排序问题；Mohammaditabar 和 Ghodsypour[100]考虑了一种联合补充库存项目的直接分组方法，研究了能力受限的供应商选择和订单分配问题。Cho 和 Tang[101]构建了零售商总订单超过供应商供应能力时竞争环境下的订单分配规则，以提高博弈效用。Chen 和 Dong[102]研究了装配订单中考虑顾客优先权的订单分配模型。Abbasianjahromi 等[103]针对分包商研究了相应的订单分配模型。

不确定需求的存在是造成多供应商订单分配难题的主要原因之一，因此许多学者有针对性地研究了这一情况下的订单分配问题。Guo 和 Li[104]研究了随机需求下的供应商订单分配多级系统。Govindan 等[105]使用一种鲁棒混合多目标元启发式算法研究具有随机需求的双目标综合可持续订单分配和可持续供应链网络战略设计。Fu 等[106]将不确定信息下外包中的供应商选择和分配问题看作随机规划问题，给出了外包中供应商选择和分配问题的鲁棒优化方法。Moghaddam[107]提出了供应和需求均不确定信息下的模糊多目标订单分配模型。

从方法上来看，混合整数规划模型[108-111]是解决这一问题的经典方法。Sawik[112,113]研究了一种随机混合整数规划方法，来解决存在供应链中断风险情况下的供应商选择和客户订单调度问题。Pazhani 等[114]提出了一个混合整数非线性规划模型，以在供应链各阶段确定最优库存策略，并在初始阶段进行供应商之间的订单分配。Mendoza 和 Ventura[115]提出了一个混合整数非线性规划模型，同时考虑供应商的能力和质量约束下的采购、库存和运输成本，为选中的供应商分配订单数量。

多目标优化模型[116-118]是解决这一问题的另一有效方法，许多学者尝试了这一模型。Moghaddam[119]提出了一种应用于闭环供应链中的多目标优化模型来选择最优供应商及分配订单。Esfandiari 和 Seifbarghy[120]研究了价格依赖订单随机多目标供应商配额分配问题，提出了一个多目标模型，使购买成本、拒绝单位和后期交付单位最小化，且供应商评价过程总得分最大化。Kannan 等[121]提出了一个模糊多属性效用理论和多目标规划结合的方法，根据经济和环境标准评价和选择最佳绿色供应商，并在供应商之间分配最佳订单数量。

Jadidi 等[122]将供应商选择看作包含最小价格、拒绝情况和交货时间三个目标的多目标优化问题。Lee 和 Chien[123]提出了一种考虑分散风险和配送不确定性的组合优化模型,用于供应商组合选择和订单分配。

为了进一步分析这类不确定性,有学者尝试用模糊规划来解决不确定信息中的订单分配问题[124]。Cebi 和 Otay[125]给出了一个两阶段模糊方法,以解决含有数量折扣和交货期限的供应商评价和订单分配问题。Govindan 和 Sivakumar[126]通过多准则决策和多目标线性规划方法研究了低碳造纸业的绿色供应商选择和订单分配问题。Nazari-Shirkouhi 等[127]提出了一个两阶段模糊多目标线性规划模型来解决供应商订单分配问题。

还有许多学者尝试了其他不同的方法来解决订单分配问题。Ogier 等[128]以最少的信息共享协调在策略层面模拟分散计划。Liu 等[129]研究了基于理性预期均衡的二级物流服务供应链订单分配模型,并以天津宝运物流公司为例说明了模型结论的应用。Singh[130]提出了一种确定优先供应商并在供应商间分配需求的混合算法。Scott 等[131]提出了一种基于组合层次分析法 – 质量函数部署的综合方法和机会约束优化算法,以选择合适的供应商并完成订单分配。而为了在实际环境中更好地应用这些模型,许多学者尝试加入计算机技术,以使模型方法更直观,例如,Hong 和 Lee[132]提出了一种决策支持系统来模拟采购流程的风险,并设计供应商选择和订单分配计划。

与此同时,在订单分配过程中有时还需要考虑一些其他约束的影响。

首先,注意到尽管选择多供应商是为了应对单一供应商普遍存在的供应链中断风险,但多供应商也存在供应链中断风险,而且存在供应链中断风险的情况依然是研究的一个重点。Meena 和 Sarmah[133]研究了由于破坏性事件发生而导致供应链中断风险下的供应商选择和需求分配问题。Hu 和 Kostamis[134]研究了当部分供应商面临完全供应链中断风险时,制造商的最佳多源采购策略。潘伟[135]在考虑供应链中断风险的基础上,结合不确定性的信息和线性/非线性的隶属度函数,构建并分析了包含模糊目标、随机约束和情景分析的多产品线性/非线性订单分配模型。Kamalahmadi 和 Mellat – Parast[136]研究了具有供应链风险和环境风险的供应链中,各供应商的最佳需求分配。

其次,数量折扣情况也是影响订单分配的一个常见约束,供应商常会对超过一定数量的订单给予价格折扣。针对含有数量折扣的订单，Jain 等[137]考虑了供应链中的合作竞争，研究了在竞争性的多级供应链中不同折扣政策的供应商选择－订单分配方法。Huang 等[138]研究了多供应商供应链中订单分配的数量折扣协调。

也有一些研究注意到了订单分配问题中的行为偏好因素，并结合行为理论进行了研究。例如，Liu 等[139]考虑了后勤服务供应链中，订单分配过程中的预测行为和竞价策略。Liu 等[140,141]基于前景理论研究了多阶段订单分配模型。Daniels 等[142]研究了交叉网络和卖方市场中的订单分配的区别，并发现交易者偏好中微小的差别也会导致偏好反转。

尽管已经提出了一系列订单分配模型，但上述订单分配方面的研究成果，很少有将约束作为受限的不确定因素来考虑，尚不能完全适应不确定信息下的需求。因此，订单分配应该分析更多不确定因素，形成最优方案，本书在这一方面进行了尝试。

1.2.4　其他与供应商优化相关的研究

首先，针对供应链网络中供应商选择与库存管理之间存在的内在联系，Ventura 等[143]提出了一种用于单产品多阶段供应链的多周期库存批量管理模型，并建立了一个时间可扩展的转运网络，开发出一个混合整数非线性规划模型，来确定最佳的库存策略和供应商选择策略。Yu 等[144]建立了一个 Stackelberg 博弈模型，帮助制造商选择供应商，形成最优化的供应商管理库存系统。在该模型中，供应商决定其是否进入这个系统和零售价格，结合动态规划、遗传算法和解析方法，开发了一种混合算法对模型求解。

还有一些研究关注于供应商选择及其过程中的行为与企业的市场地位、运营成本、风险、管理运营、战略之间的相互影响。例如，Reuter 等[145]研究了供应商选择决策中，利益相关者对可持续性和成本的倾向带来的影响。Shi 和 Feng[146]调查了供应商对含有可变成本和供应需求不确定性的供应链契约接受决策。Nair 等[147]研究了参与采购战略如何通过选择合适的操作和战略标准来影响供应链管理活动。Lienland 等[148]证明了供应商的地位对买方既有消极的声誉影响，也有积极的声誉影响。Koufteros 等[149]研究了战略供应商选择对买方竞争性的影响。在实证研究方面，Meschnig 和 Kaufmann[150]使用回归分析方法研究了 3 个制造公司中的 88 个采购团队（233 名团队成员），发现采购团队成员对供应商选择的目标达成共识与选出高性能供应商是积极相关的。

另一个与供应商选择、订单分配密切相关的热点问题是订货策略问题。它可以看作是对供应商选择和订单分配的实现过程所进行的进一步优化，这些研究通常会密切注意到与市场环境以及各个利益相关方的相互博弈与互动。例如，Tokar 等[151]研究了当决策者预期有需求冲击时的订货决策。Hogenboom 等[152]提出了一个二层的机器学习方法以获得实时定价决策。Chen 等[153]研究了单一产品联合定价和库存控制问题，发现在不同时期使用相同的采购策略，可以最大限度地提高总预期利润。Chen 等[154]则研究了在一个补货周期中，库存从低到高的过程中最优的价格变化，并建立了短补货周期系统的利润函数模型。Fay 和 Xie[155]研究了分配订单的时间影响。Kurata[156]建立了一个需求满足泊松分布且客户对缺货的响应满足伯努利方程的模型，探讨了供应商、零售商谁将维持库存，寻找最佳库存系统。Larson 等[157]使用企业级数据对自适应库存策略进行了实证检验，发现订货行为的变化会影响销售增长。

此外，为使订货策略更具有弹性，有学者引入期权理论来研究该问题。例如，Treville 等[158]开发了一个实物期权模型，用于演进式供应链风险下的最优生产和采购选择，并把这个模型应用在经典的奥波米耶公司案例和一个全球性制造商所面临的供应商选择问题中。Löffler 等[159]应用实物期权方法，探讨了非对称信息如何影响供应商转换过程中的关键变量，如达成契约的时间、转付款项和组织结构等。田军等[160]将实物期权契约引入由政府和供应商组成的非营利性供应链中，提出了基于实物期权契约的应急物资采购模型。

从上述的分析中可以看到，在日益复杂的社会化大分工中，作为采购环节的源头，供应商优化问题具有明确与广泛的实际应用背景。当前的供应链管理理论与实践均明确地指出，对于企业而言，供应商组合比单一供应商更具优势。建立订单分配模型的难点在于成本并非唯一考虑的对象，通常需要同时关注其他的一些因素或约束条件，如供应链中断风险、供应商的能力和产品质量等。对于设定的限制条件，如次品率、缺货率、需求约束，常见处理方式之一是在约束条件中以实数体现，如次品率不超过 5%。这种方式的不足之处在于，一方面该参数设置是否合理值得商榷，另一方面当采用该方法建模并分配订单时，供应商为避免增加成本，一旦达到所设定的最低标准，便缺少进一步改善的动力。

因此，近年来，采用多目标规划变得日益广泛，即将产品质量标准等约束条件集成到目标函数中与成本目标并列。在某种程度上，多目标规划模型是解决这一问题的有效方法，然而，由于将多个目标视为一个整体，使得既可以通过降低成本也可以通过改变其他因素来优化目标，这并不一定完全符合企业在做出订单分配决策时的实际情况。通常，减少成本以增加利润这一目标是大多数企业决策时最关键的考虑，其他目标只是在此之外的某种附属目标。而试图对不同目标进行赋权来处理上述矛盾时，一方面权重值很难客观地获得，另一方面，并不能完全避免对某些因素无上限地追求对降低成本这一关键目标的干扰。

这样看来，企业在分配原材料订单中的实际需求可能更适合看作在一定约束下最小化总成本，只不过这些约束不宜像传统单一目标模型中都看作是硬性的，而应该具有一定的弹性范围，即订单分配问题可看作是一个具有模糊约束的模糊规划问题。本书依据上述思想建立供应商组合选择和订单分配模型，给各约束条件分别设定阈值。

鉴于选择供应商后，其合作往往是一个长期的行为，因此，这一过程中，如何从纷繁的不确定信息出发，卓有成效地选出最合适的供应商组合，并合理地在组合中分配订单，具有显著的理论意义与实际应用价值。

1.3　研究内容与本书结构

在上述背景下，本书将对不确定信息下的供应商组合优化问题进行系统性的研究。首先，讨论供应商组合选择模型，以甄选出合适的组合；然后，为了给组合内的供应商进行订单分配，研究供应商组合订单分配模型。订单分配模型相较于选择模型更为复杂，因此在分析了供应商组合订单分配基础模型的基础上，探讨供应商组合订单分配直觉模糊规划模型和供应商组合订单分配机会约束规划模型。由于上述模型都是理性决策下的优化模型，最后作为补充，将风险偏好这一行为因素加入其中，研究了考虑风险偏好的供应商组合选择及订单分配模型，以实现供应商体系绩效最大化。具体安排如下：

第1章为绪论。介绍了不确定信息下供应商组合优化的研究背景、目的和意义，综述了供应商选择方法、供应商组合选择方法、供应商组合订单分配方法及其他与供应商组合优化相关的研究现状，并通过对其的分析，指出了本书的研究内容和逻辑结构。

第2章在研究国内外文献的基础上，采用模糊规划理论和多准则决策理论研究供应商选择问题，充分考虑由组合系统中各元素间的相互依存、相互关联、相互作用、相互制约而引起的"短板效应""协同效应"等特殊性质，提出供应商组合选择方法。首先，根据对供应商的一般和特殊要求，考虑供货速度、供货质量、供货价格、应急响应、供货稳定性等主要因素，构建供应商组合评价的主要指标体系，并研究对应的指标权重的设定。随后，针对具有不确定信息的供应商组合选择问题，研究不同类型的指标下，组合表现的边缘效用函数，并讨论这些函数中参数的设定方法。最后，建立模糊规划模型，充分讨论并建立针对此类问题实际特点的综合表现效用函数，提出供应商组合选择方法来选择最优供应商组合。

第3章研究不确定信息下供应商组合订单分配基础模型。在供应商组合选择模型的基础上，讨论具有模糊信息时，所选组合中供应商的订单分配问题。将企业原材料需求约束标准由一个精确值扩展为一个模糊范围，反映了多数企业在这一问题中所面临的现实情况，充分利用模糊信息优化供应商组合内的订单分配问题，并通过模糊规划方法，寻找在企业可接受的范围和偏好下，整体绩效最优化的订单分配方案。最后通过算例分析了该模型的特性，讨论了与传统约束相比具有的优势。

第4章建立了限制次要因素过度优化情况下的供应商组合订单分配模型。企业对原材料产品的需求往往是在可接受范围内尽可能更优的约束下，限制对次要目标的过度优化，实现总绩效最高。基于这一现象，该模型首先将企业的原材料需求标准由一个精确值扩展到一个模糊范围，接着针对每一个需求给出隶属度和非隶属度值，以限制过度优化次要目标而导致的成本增加。随后，寻找在企业可接受范围内，整体绩效最优化的订单分配方案。最后，通过算例分析了该模型的特性，讨论了其与传统约束相比所具有的优势以及模型本身的稳健性问题。

第5章将机会约束规划应用到订单分配模型中，构建分析包含随机信息的供应商组合订单分配问题。在对交货时间有明确要求的前提下，讨论如何通过结合已有信息对各供应商进行评估。在此基础上，将交货时间和产品质量作为不确定变量进行整合，使供应商组合订单分配保持在全局最优状态。应用上述方法客观有效地分析决策环境，研究其在不确定信息下供应商组合订单分配问题中的应用，切实解决相应的决策问题。

第6章研究考虑风险偏好的供应商组合选择及订单分配问题。在第一阶段，提出基于前景理论的扩展模糊 PROMETHEE 方法，以反映决策者风险厌恶程度，并用可能度方法来比较各供应商的模糊前景值，进而对各供应商进行评价和选择；第二阶段中，在多产品、多供应商、多目标情形下，以满足质量、供应能力和需求约束等为前提，研究给备选供应商进行订单分配的方法。

第7章总结了本书的研究工作和成果，展望了今后继续探索的方向。

本书的主要结构如图 1-1 所示。

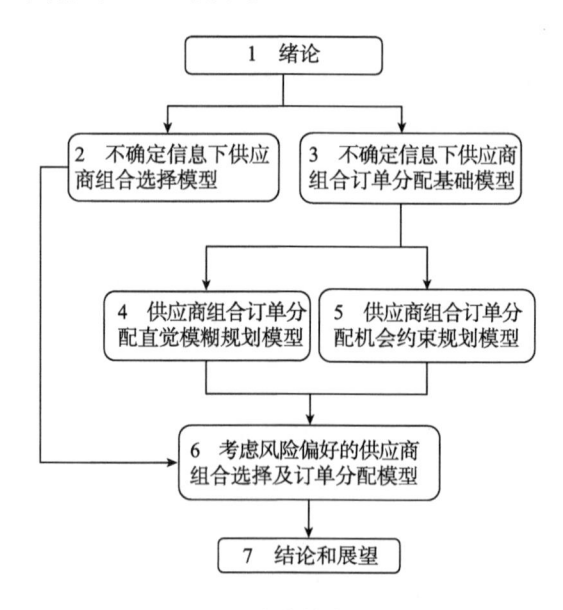

图 1-1 本书的主要结构

2 不确定信息下供应商组合选择模型

由于现实环境中许多不确定因素对供应商的影响，单一供应商存在供应链中断等风险，因此，许多企业常倾向于选择供应商组合而非单一供应商。多准则分析方法能根据各供应商的排序逐个选出供应商，但不能有效地进行供应商组合。

这种无效是由于供应商组合的绩效来自：①组合内成员的个体绩效；②成员间的交互作用。传统的多准则分析方法不能处理该类组合选择问题。例如，有一家公司需要雇佣翻译人员，三位应聘者分别记为 a、b 和 c。根据两个准则（中文水平和日语水平），应聘者的评分分别为（80，60）、（90，40）和（40，85）。根据平均分，可以认为 a 比 b 好，b 比 c 好，a 比 c 好。然而，如果企业想雇用其中 2 人，组合 a 和 b 是否优于组合 b 和 c？尽管 a 和 b 是得分高的 2 人，但许多管理者或许并不会这么选择。

理论上，我们可以人为构建一组方案，每个方案代表一个潜在的供应商组合。通过多准则分析方法对所有方案进行评价和排序，可选出最优方案。但该方法最大的困难在于评价工作量过于庞大，一个含 m 个供应商和 n 个准则的问题需要决策者评价 $n \cdot 2^m$ 次。

实际上，在原材料供应商选择问题中，供应商组合的绩效可以通过对组合内单个供应商绩效的运算得到大概取值，如平均值、求和、最大值等。这些运算简化了评价过程，使得简单的多准则分析矩阵也可以使用。

此外，许多采购决策包含非结构化的自然语言或复杂内容[161]，这些因素带来了不完整信息、定性准则和不精确偏好等[162,163]。模糊集理论已被应用于处理供应商选择中的这些因素[38,164]。本章使用语言变量和三角模糊数来应对决策中的模糊信息。这一扩展实际上构建了一个广义的模糊多准则分析方法，近年来成为一个研究热点[165,166]。

综上，本章尝试提出一个改进的多准则分析方法，并给出一个模糊 0 - 1 规划，用以选择供应商组合。

2.1 三角模糊数及其 α 截集

模糊集模型可以更好地量化信息。论域 X 中，模糊集 $\tilde{A}$ 的隶属函数由 $\mu_{\tilde{A}}(x)$ 表示。该函数将 X 中的元素 x 赋予区间 $[0,1]$ 中的一个实数，函数值 $\mu_{\tilde{A}}(x)$ 表示 $\tilde{A}$ 中 x 的隶属度[167]。

定义 2 - 1[168]　模糊数 $\tilde{a}$ 的 α 截集是

$$\langle \tilde{a} \rangle_\alpha = \{x \mid \mu_{\tilde{a}}(x) \geq \alpha, x \in X\}$$

其中，$\alpha \in [0,1]$，α 截集在论域 X 中为非空闭区间。该区间也可以用 $\langle \tilde{a} \rangle_\alpha = [\langle a \rangle_\alpha^L, \langle a \rangle_\alpha^R]$ 表示，$\langle a \rangle_\alpha^L$ 和 $\langle a \rangle_\alpha^R$ 分别为区间的左边界和右边界。

定义 2 - 2[169]　给定模糊数 $\tilde{a}$，如果对于所有 $\alpha \in [0,1]$，$\langle a \rangle_\alpha^L > 0$，那么 $\tilde{a}$ 被称为正的模糊数。

$\tilde{a}$ 和 $\tilde{b}$ 为两个正的模糊数，r 为正实数，那么

1) $\langle \tilde{a} + \tilde{b} \rangle_\alpha = \langle \tilde{a} \rangle_\alpha + \langle \tilde{b} \rangle_\alpha = [\langle a \rangle_\alpha^L + \langle b \rangle_\alpha^L, \langle a \rangle_\alpha^R + \langle b \rangle_\alpha^R]$

2) $\langle \tilde{a} - \tilde{b} \rangle_\alpha = \langle \tilde{a} \rangle_\alpha - \langle \tilde{b} \rangle_\alpha = [\langle a \rangle_\alpha^L - \langle b \rangle_\alpha^R, \langle a \rangle_\alpha^R - \langle b \rangle_\alpha^L]$

3) $\langle r\tilde{a} \rangle_\alpha = r\langle \tilde{a} \rangle_\alpha = [r\langle a \rangle_\alpha^L, r\langle a \rangle_\alpha^R]$

4) $\langle \tilde{a} \vee \tilde{b} \rangle_\alpha = [\langle a \rangle_\alpha^L \vee \langle b \rangle_\alpha^L, \langle a \rangle_\alpha^R \vee \langle b \rangle_\alpha^R] = [\max(\langle a \rangle_\alpha^L, \langle b \rangle_\alpha^L), \max(\langle a \rangle_\alpha^R, \langle b \rangle_\alpha^R)]$

5) $\langle \tilde{a} \wedge \tilde{b} \rangle_\alpha = [\langle a \rangle_\alpha^L \wedge \langle b \rangle_\alpha^L, \langle a \rangle_\alpha^R \wedge \langle b \rangle_\alpha^R] = [\min(\langle a \rangle_\alpha^L, \langle b \rangle_\alpha^L), \min(\langle a \rangle_\alpha^R, \langle b \rangle_\alpha^R)]$

其中，∨ 和 ∧ 分别表示取大、取小运算。

性质 2-1　$\tilde{a}_i$ ($i=1, 2, \cdots, n$) 为一列正的模糊数，r_i ($i=1, 2, \cdots, n$) 为实数，那么

$$\langle \sum_{i=1}^n r_i \tilde{a}_i \rangle_\alpha = \sum_{i=1}^n r_i \langle \tilde{a}_i \rangle_\alpha = [\sum_{i=1}^n r_i \langle a_i \rangle_\alpha^L, \sum_{i=1}^n r_i \langle a_i \rangle_\alpha^R] \quad (2-1)$$

证明：公式 (2-1) 由数学归纳法证明如下。

步骤 1：当 $n=1$ 时，由于 $\langle r_1 \tilde{a}_1 \rangle_\alpha = r_1 \langle \tilde{a}_1 \rangle_\alpha = [r_1 \langle a_1 \rangle_\alpha^L, r_1 \langle a_1 \rangle_\alpha^R]$，因此公式 (2-1) 成立。

步骤 2：如果当 $n=k$ 时公式 (2-1) 成立，即

$$\langle \sum_{i=1}^k r_i \tilde{a}_i \rangle_\alpha = \sum_{i=1}^k r_i \langle \tilde{a}_i \rangle_\alpha = [\sum_{i=1}^k r_i \langle a_i \rangle_\alpha^L, \sum_{i=1}^k r_i \langle a_i \rangle_\alpha^R]$$

那么，当 $n=k+1$ 时，根据定义 2-2 中的运算法则，存在

$$\langle \sum_{i=1}^{k+1} r_i \tilde{a}_i \rangle_\alpha = \langle \sum_{i=1}^k r_i \tilde{a}_i + r_{k+1} \tilde{a}_{k+1} \rangle_\alpha$$

$$= \langle \sum_{i=1}^k r_i \tilde{a}_i \rangle_\alpha + \langle r_{k+1} \tilde{a}_{k+1} \rangle_\alpha$$

$$= \sum_{i=1}^k r_i \langle \tilde{a}_i \rangle_\alpha + r_{k+1} \langle \tilde{a}_{k+1} \rangle_\alpha$$

$$= \sum_{i=1}^{k+1} r_i \langle \tilde{a}_i \rangle_\alpha$$

$$\langle \sum_{i=1}^{k+1} r_i \tilde{a}_i \rangle_\alpha = \langle \sum_{i=1}^k r_i \tilde{a}_i + r_{k+1} \tilde{a}_{k+1} \rangle_\alpha$$

$$= \langle \sum_{i=1}^k r_i \tilde{a}_i \rangle_\alpha + \langle r_{k+1} \tilde{a}_{k+1} \rangle_\alpha$$

$$= [\sum_{i=1}^k r_i \langle a_i \rangle_\alpha^L, \sum_{i=1}^k r_i \langle a_i \rangle_\alpha^R] + [r_{k+1} \langle a_{k+1} \rangle_\alpha^L, r_{k+1} \langle a_{k+1} \rangle_\alpha^R]$$

$$= [\sum_{i=1}^k r_i \langle a_i \rangle_\alpha^L + r_{k+1} \langle a_{k+1} \rangle_\alpha^L, \sum_{i=1}^k r_i \langle a_i \rangle_\alpha^R + r_{k+1} \langle a_{k+1} \rangle_\alpha^R]$$

$$= [\sum_{i=1}^{k+1} r_i \langle a_i \rangle_\alpha^L, \sum_{i=1}^{k+1} r_i \langle a_i \rangle_\alpha^R]$$

因此，当 $n=k+1$ 时，公式 (2-1) 成立。

基于步骤1和步骤2，当$n \in \mathbf{N}^*$时，公式（2-1）成立，性质2-1证明完毕。

性质 2-2 $\tilde{a}_i (i = 1, 2, \cdots, n)$为一列正的模糊数，$r_i (i = 1, 2, \cdots, n)$为实数，那么

$$\langle \bigvee_{i=1}^{n} r_i \tilde{a}_i \rangle_\alpha = [\bigvee_{i=1}^{n} r_i \langle a_i \rangle_\alpha^L, \bigvee_{i=1}^{n} r_i \langle a_i \rangle_\alpha^R] \qquad (2-2)$$

证明：用数学归纳法证明公式（2-2）。

步骤1：当$n = 1$时，由于$\langle r_1 \tilde{a}_1 \rangle_\alpha = r_1 \langle \tilde{a}_1 \rangle_\alpha = [r_1 \langle a_1 \rangle_\alpha^L, r_1 \langle a_1 \rangle_\alpha^R]$，因此公式（2-2）成立。

步骤2：如果当$n = k$时公式（2-2）成立，即

$$\langle \bigvee_{i=1}^{k} r_i \tilde{a}_i \rangle_\alpha = [\bigvee_{i=1}^{k} r_i \langle a_i \rangle_\alpha^L, \bigvee_{i=1}^{k} r_i \langle a_i \rangle_\alpha^R]$$

即
$$(\bigvee_{i=1}^{k} r_i \tilde{a}_i)_\alpha^L = \bigvee_{i=1}^{k} r_i \langle a_i \rangle_\alpha^L,$$

$$(\bigvee_{i=1}^{k} r_i \tilde{a}_i)_\alpha^R = \bigvee_{i=1}^{k} r_i \langle a_i \rangle_\alpha^R$$

那么，当$n = k + 1$时，根据定义2-2中的运算法则，存在

$$\langle \bigvee_{i=1}^{k+1} r_i \tilde{a}_i \rangle_\alpha = \langle (\bigvee_{i=1}^{k} r_i \tilde{a}_i) \vee (r_{k+1} \tilde{a}_{k+1}) \rangle_\alpha$$

$$= [(\bigvee_{i=1}^{k} r_i \tilde{a}_i)_\alpha^L \vee (r_{k+1} \tilde{a}_{k+1})_\alpha^L, (\bigvee_{i=1}^{k} r_i \tilde{a}_i)_\alpha^R \vee (r_{k+1} \tilde{a}_{k+1})_\alpha^R]$$

$$= [(\bigvee_{i=1}^{k} r_i \langle a_i \rangle_\alpha^L) \vee (r_{k+1} \langle a_{k+1} \rangle_\alpha^L), (\bigvee_{i=1}^{k} r_i \langle a_i \rangle_\alpha^R) \vee (r_{k+1} \langle a_{k+1} \rangle_\alpha^R)]$$

$$= [\bigvee_{i=1}^{k+1} r_i \langle a_i \rangle_\alpha^L, \bigvee_{i=1}^{k+1} r_i \langle a_i \rangle_\alpha^R]$$

因此，当$n = k + 1$时，公式（2-2）成立。

基于步骤1和步骤2，当$n \in \mathbf{N}^*$时，公式（2-2）成立，性质2-2证明完毕。

定义 2-3[170] $\tilde{a} = \langle a^L, a^M, a^U \rangle$为正的三角模糊数，其中，$a^L \leqslant a^M \leqslant a^U$且$a^L \geqslant 0$。

隶属函数$\mu_{\tilde{a}}(x)$为

$$\mu_{\tilde{a}}(x) = \begin{cases} (x - a^L)/(a^M - a^L), & a^L \leqslant x \leqslant a^M \\ (a^U - x)/(a^U - a^M), & a^M \leqslant x \leqslant a^U \\ 0, & \text{其他} \end{cases}$$

其图形如图 2-1 所示。

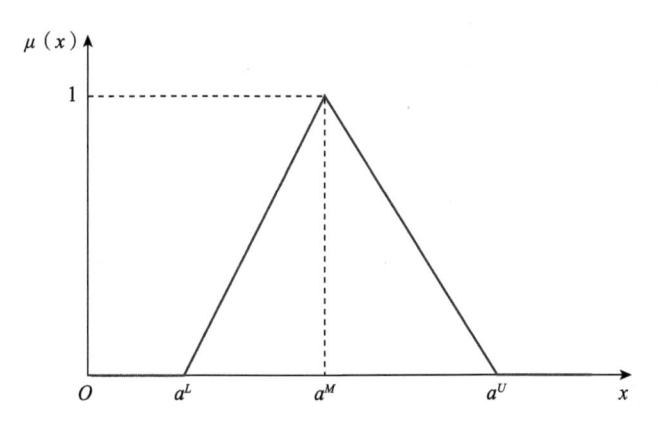

图 2-1 三角模糊数的隶属函数

图 2-2 为正三角模糊数 $\tilde{a}$ 的 α 截集。

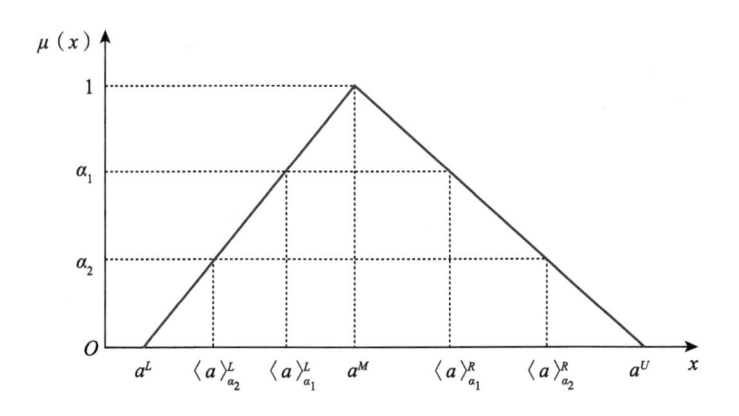

图 2-2 三角模糊数 $\tilde{a}$ 的 α 截集

其中

$$\langle \tilde{a} \rangle_{\alpha_1} = [\langle a \rangle_{\alpha_1}^L, \langle a \rangle_{\alpha_1}^R], \quad \langle \tilde{a} \rangle_{\alpha_2} = [\langle a \rangle_{\alpha_2}^L, \langle a \rangle_{\alpha_2}^R]$$

如果 $\alpha_1 \geq \alpha_2$，且 $\langle a \rangle_{\alpha_1}^L \geq \langle a \rangle_{\alpha_2}^L$，$\langle a \rangle_{\alpha_1}^R \leq \langle a \rangle_{\alpha_2}^R$，对任何正三角模糊数

$$\langle a \rangle_{\alpha}^L = a_{ir}^L + \alpha(a_{ir}^M - a_{ir}^L)$$

且

$$\langle a \rangle_\alpha^R = a_{ir}^U - \alpha(a_{ir}^U - a_{ir}^M)$$

正实数 r 可看作正三角模糊数 $\langle r,r,r \rangle$。

给定两个正三角模糊数 $\tilde{a} = \langle a^L, a^M, a^U \rangle$ 和 $\tilde{b} = \langle b^L, b^M, b^U \rangle$ 及正实数 r，那么其运算规则为

(1) $\tilde{a} + \tilde{b} = \langle a^L + b^L, a^M + b^M, a^U + b^U \rangle$

(2) $\tilde{a} - \tilde{b} = \langle a^L - b^U, a^M - b^M, a^U - b^L \rangle$

(3) $r\tilde{a} = \langle ra^L, ra^M, ra^U \rangle$

(4) $\tilde{a} \times \tilde{b} = \langle a^L b^L, a^M b^M, a^U b^U \rangle$

值得注意的是，$\tilde{a} \vee \tilde{b}$ 和 $\tilde{a} \wedge \tilde{b}$ 不可以以正三角模糊数的形式运算，因此这两种运算不能扩展到正三角模糊数的形式。

定义 2-4[171] 语言变量是含有语言值的变量。

语言变量在处理复杂或描述存在缺陷的量化问题时非常方便，其可以由模糊数来表示。表2-1给出了参考文献[172]中语言变量转变为正三角模糊数的方式。本书采用该转化方式，如图2-3所示。

表2-1 语言变量对应绩效

语言变量	正三角模糊数 $\tilde{a}$
非常差（VP）	<0, 0, 1>
差（P）	<0, 1, 3>
较差（MP）	<1, 3, 5>
一般（F）	<3, 5, 7>
较好（MG）	<5, 7, 9>
好（G）	<7, 9, 10>
非常好（VG）	<9, 10, 10>

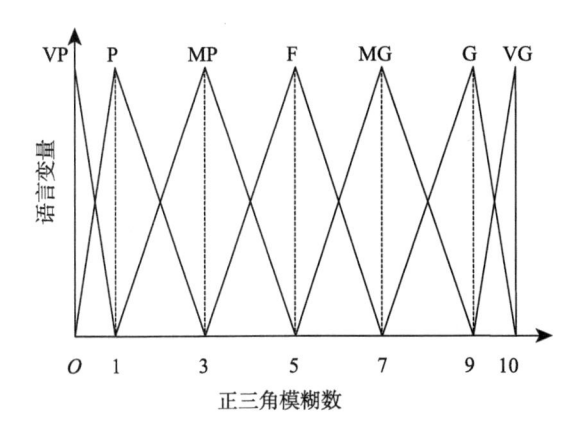

图 2-3　正三角模糊数与语言变量的对应关系

2.2　供应商组合选择规划模型

下面提出一个基于多准则分析的模糊 0-1 规划方法，来选择供应商组合。其中，对定性准则的绩效评价由语言变量来表示，且将这些语言变量转化为正三角模糊数的形式。

2.2.1　基本假设

在模糊多准则分析框架中，组合选择包含以下元素：

（1） m 个潜在供应商集合 $A = \{a_1, a_2, \cdots, a_m\}$。

（2） n 个准则集合 $C = \{c_1, c_2, \cdots, c_n\}$。

根据这些准则评价供应商绩效。准则分为两类：效益型和成本型。根据准则评价决策者对方案的偏好，效益型准则集合和成本型准则集合分别由 C_B 和 C_C 表示。

（3） 权重向量 $W = [w_1 \quad w_2 \quad \cdots \quad w_n]$，$w_j$ 为准则 c_j 的相关重要程度。

（4） 决策矩阵

$$\tilde{V} = \begin{bmatrix} \tilde{v}_{11} & \tilde{v}_{12} & \cdots & \tilde{v}_{1n} \\ \tilde{v}_{21} & \tilde{v}_{22} & \cdots & \tilde{v}_{2n} \\ \vdots & \vdots & & \vdots \\ \tilde{v}_{m1} & \tilde{v}_{m2} & \cdots & \tilde{v}_{mn} \end{bmatrix}$$

$\tilde{V}$ 矩阵中的 $\tilde{v}_{ij}$ 为供应商 a_i ($i=1, 2, \cdots, m$) 在准则 c_j ($j=1, 2, \cdots, n$) 下的绩效,在本模型中,$\tilde{v}_{ij} = \langle v_{ij}^L, v_{ij}^M, v_{ij}^U \rangle$ 为正三角模糊数。

(5) 决策向量为 $x = [x_1, x_2, \cdots, x_m]^T$,其中,$x_i \in \{0,1\}$ ($i=1, 2, \cdots, m$)。一个决策向量可以被看作一个供应商组合,$x_i = 1$ 表示供应商 a_i 被选中,否则 $x_i = 0$。

(6) 准则 c_j ($j=1, 2, \cdots, n$) 下的绩效函数为 $\tilde{f}_j(x)$ ($j=1, 2, \cdots, n$),该函数表示供应商组合 x 的绩效。

决策目标是通过选择合适的 x 找到总效用最高的最佳供应商组合。

2.2.2 准则构建

通过文献综述整理并与主管和专家讨论,得出测度供应商效用的准则[163,173],通过回顾常见的公司,主要有 8 个准则或次准则值得考虑。这些准则可以修改或扩展为适应特定公司的情形。

图 2-4 为准则结构,各准则分别命名为 $c_1 \sim c_8$。

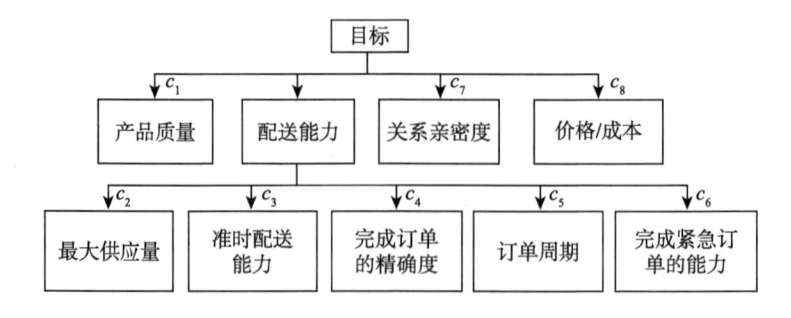

图 2-4 准则结构

准则的重要程度可由层次分析法（AHP）[174]获得。尽管评价准则权重的方法有很多种，大部分的客观赋权法，如最大离差法[175]，常常通过比较所有方案来评价准则，因此并不适用于此处提出的模型。本模型中，大部分潜在方案是若干个供应商的组合，并不能一一列出。

组合的效用受准则影响，针对某一准则，影响效用的主要因素有：①组合中单个供应商的效用；②这些供应商间的交互影响。这些交互影响由供应商间的协作或竞争产生。尽管很难得出这些交互影响的细节，但其最终结果常常能大概推测。通过这些近似值，模型中的准则可以归纳为以下四类。

（1）长板型

对于该类准则，组合的效用等于组合内最大效用的单供应商的效用。例如，给定选中的两个或多个供应商，当出现紧急订单时，我们会从具有最佳履行能力的供应商处订购。因此，根据完成紧急订单的能力（c_6），供应商组合的效用等于组合内最大效用的单供应商的效用。相似地，订单周期（c_5）也属于该类型准则。这类准则称为第一类准则 $C_1 = \{c_5, c_6\}$。

（2）短板型

对于该类准则，组合的效用等于组合内最小效用的单供应商的效用。例如，给定选中的两个或多个供应商，它们之中任何供应商未能准确完成订单，都会影响到供应链。因此，根据完成订单的精确度（c_4），供应商组合的效用等于组合内最小效用的单供应商的效用。相似地，产品质量（c_1）和准时配送能力（c_3）也属于该类型准则。这类准则称为第二类准则 $C_2 = \{c_1, c_3, c_4\}$。

（3）平均型

对于该类准则，组合的效用等于组合内所有供应商的平均效用。该类型准则最为常见，如价格/成本（c_8）。不同的供应商会以不同价格提供相同的原材料。当公司从多个供应商处订购等量的原材料时，对公司来说原材料的单价是多个单价的平均值，关系亲密度（c_7）也属于该类型准则。这类准则称为第三类准则 $C_3 = \{c_7, c_8\}$。

（4）总和型

对于该类准则，组合的效用等于组合内所有供应商的效用总和，如最大供应量（c_2）。这类准则称为第四类准则 $C_4 = \{c_2\}$。

2.2.3　供应商组合模糊规划

标准化决策准则：

$$\tilde{a}_{ij} = \begin{cases} \dfrac{\tilde{v}_{ij}}{v_j^*}, c_j \in C_B \\ 1 - \dfrac{\tilde{v}_{ij}}{v_j^*}, c_j \in C_C \end{cases} \qquad v_j^* = \begin{cases} \sum_{i=1}^{m} v_{ij}^U, c_j \in C_4 \\ \max_i v_{ij}^U, \text{其他} \end{cases}$$

其中 $1 = \langle 1,1,1 \rangle$，$C_B$ 和 C_C 分别表示效益型准则集合和成本型准则集合。因此，标准化模糊决策矩阵为

$$\tilde{A} = \begin{bmatrix} \tilde{a}_{11} & \tilde{a}_{12} & \cdots & \tilde{a}_{1n} \\ \tilde{a}_{21} & \tilde{a}_{22} & \cdots & \tilde{a}_{2n} \\ \vdots & \vdots & & \vdots \\ \tilde{a}_{m1} & \tilde{a}_{m2} & \cdots & \tilde{a}_{mn} \end{bmatrix}$$

供应商组合选择可以表示为多目标 0 - 1 规划模型：

$$opt\{\tilde{f}_1(x), \tilde{f}_2(x), \cdots, \tilde{f}_n(x)\}$$

s. t.

$$1 \leq \sum_{i=1}^{m} x_i \leq N$$

$$x_i \in \{0,1\}$$

其中，N 为可供选择的供应商最大数量，决策旨在优化组合效用，由模型中的 opt 表示。

标准化保证了 $\tilde{f}_j(x)$ 越大，组合表现越好，因此该模型可以转化为下述最优化模型：

$$\max \tilde{f}(\boldsymbol{x}) = \sum_{j=1}^{n} \omega_j \tilde{f}_j(\boldsymbol{x})$$

s. t.

$$1 \leq \sum_{i=1}^{m} x_i \leq N$$

$$x_i \in \{0,1\}$$

模型中的 ω_j ($j=1, 2, \cdots, n$) 与多准则分析模型中的准则权重值含义相同，因此可使用 $\boldsymbol{W} = [w_1 \quad w_2 \quad \cdots \quad w_n]$ 替代 ω_j ($j=1, 2, \cdots, n$)，即模型可转化为 $\max \tilde{f}(\boldsymbol{x}) = \sum_{j=1}^{n} w_j \tilde{f}_j(\boldsymbol{x})$。

尽管 $\tilde{f}_j(\boldsymbol{x})$ 和 $\tilde{f}(\boldsymbol{x})$ 是模糊集，但常常不是正的三角模糊数，导致三角模糊数的运算不能够使用。使用模糊数的 α 截集可解决这一问题。因此决策目标转化为最大化 $\tilde{f}(\boldsymbol{x})$ 的 α 截集值。在实践中，α 值常常表现为决策信息的置信界限。该模型寻找某确定置信度下的最适宜的组合。根据公式（2-1）可得

$$\max \langle \tilde{f}(\boldsymbol{x}) \rangle_\alpha = \langle \sum_{j=1}^{n} w_j \tilde{f}_j(\boldsymbol{x}) \rangle_\alpha = [\sum_{j=1}^{n} w_j \langle \tilde{f}_j(\boldsymbol{x}) \rangle_\alpha^L, \sum_{j=1}^{n} w_j \langle \tilde{f}_j(\boldsymbol{x}) \rangle_\alpha^R]$$

s. t.

$$1 \leq \sum_{i=1}^{m} x_i \leq N$$

$$x_i \in \{0,1\}$$

这是一个双目标规划问题，即最大化 $\langle \tilde{f}(\boldsymbol{x}) \rangle_\alpha$ 的上界和下界。同时考虑这两个目标，得到等价模型：

$$\max g(\boldsymbol{x}) = \left(\sum_{j=1}^{n} w_j \langle \tilde{f}_j(\boldsymbol{x}) \rangle_\alpha^L + \sum_{j=1}^{n} w_j \langle \tilde{f}_j(\boldsymbol{x}) \rangle_\alpha^R \right)$$

s. t.

$$1 \leq \sum_{i=1}^{m} x_i \leq N$$

$$x_i \in \{0,1\}$$

2.3 不确定信息下供应商组合选择模型

2.3.1 效用函数

四种函数分别对应上述四种类型的准则：

(1) 长板型

当 $x_i = 1$ 时，$\tilde{f}_j(\boldsymbol{x}) = \max(\tilde{a}_{ij})$。

由于 $x_i \in \{0,1\}$，函数可转化为下面的形式：

$$\tilde{f}_j(\boldsymbol{x}) = \bigvee_{i=1}^{m} x_i \tilde{a}_{ij}$$

α 截集为

$$\langle \tilde{f}_j(\boldsymbol{x}) \rangle_\alpha = \langle \bigvee_{i=1}^{m} x_i \tilde{a}_{ij} \rangle_\alpha$$
$$= [\bigvee_{i=1}^{m} x_i \langle a_{ij} \rangle_\alpha^L, \bigvee_{i=1}^{m} x_i \langle a_{ij} \rangle_\alpha^R]$$

即

$$\langle \tilde{f}_j(\boldsymbol{x}) \rangle_\alpha^L = \bigvee_{i=1}^{m} x_i \langle a_{ij} \rangle_\alpha^L, \langle \tilde{f}_j(\boldsymbol{x}) \rangle_\alpha^R = \bigvee_{i=1}^{m} x_i \langle a_{ij} \rangle_\alpha^R, c_j \in C_1$$

(2) 短板型

当 $x_i = 1$ 时，$\tilde{f}_j(\boldsymbol{x}) = \min(\tilde{a}_{ij})$。

由于 $x_i \in \{0,1\}$，函数可转化为下面的形式：

$$\tilde{f}_j(\boldsymbol{x}) = 1 - \bigvee_{i=1}^{m} x_i (1 - \tilde{a}_{ij})$$

值得注意的是，这里不是 $\tilde{f}_j(\boldsymbol{x}) = \bigwedge_{i=1}^{m} x_i \tilde{a}_{ij}$，是因为任何 $x_i = 0$ ($i = 1$, 2, …, m)（即不是所有供应商都被选中）均会使函数值为 0，从而导致准则无效。

根据定义 2-2 和性质 2-2 可得

$$\langle \tilde{f}_j(\pmb{x}) \rangle_\alpha = \langle 1 - \bigvee_{i=1}^{m} x_i(1 - \tilde{a}_{ij}) \rangle_\alpha$$

$$= 1 - \langle \bigvee_{i=1}^{m} x_i(1 - \tilde{a}_{ij}) \rangle_\alpha$$

$$= 1 - [\bigvee_{i=1}^{m} x_i(1 - \tilde{a}_{ij})_\alpha^L, \bigvee_{i=1}^{m} x_i(1 - \tilde{a}_{ij})_\alpha^R]$$

$$= 1 - [\bigvee_{i=1}^{m} x_i(1 - \langle \tilde{a}_{ij} \rangle_\alpha)^L, \bigvee_{i=1}^{m} x_i(1 - \langle \tilde{a}_{ij} \rangle_\alpha)^R]$$

$$= 1 - [\bigvee_{i=1}^{m} x_i(1 - \langle a_{ij} \rangle_\alpha^R), \bigvee_{i=1}^{m} x_i(1 - \langle a_{ij} \rangle_\alpha^L)]$$

$$= [1 - \bigvee_{i=1}^{m} x_i(1 - \langle a_{ij} \rangle_\alpha^L), 1 - \bigvee_{i=1}^{m} x_i(1 - \langle a_{ij} \rangle_\alpha^R)]$$

即

$$\langle \tilde{f}_j(\pmb{x}) \rangle_\alpha^L = 1 - \bigvee_{i=1}^{m} x_i(1 - \langle a_{ij} \rangle_\alpha^L), \langle \tilde{f}_j(\pmb{x}) \rangle_\alpha^R = 1 - \bigvee_{i=1}^{m} x_i(1 - \langle a_{ij} \rangle_\alpha^R), c_j \in C_2$$

(3) 平均型

当 $x_i = 1$ 时, $\tilde{f}_j(\pmb{x}) = \sum_i \tilde{a}_{ij} / \sum_i x_i$ 或 $\tilde{f}_j(\pmb{x}) = \sum_{i=1}^{m} x_i \tilde{a}_{ij} / \sum_{i=1}^{m} x_i$, $x_i \in \{0,1\}$。

α 截集为

$$\langle \tilde{f}_j(\pmb{x}) \rangle_\alpha = \langle \sum_{i=1}^{m} x_i \tilde{a}_{ij} \rangle_\alpha / \sum_{i=1}^{m} x_i$$

$$= \sum_{i=1}^{m} x_i \langle \tilde{a}_{ij} \rangle_\alpha / \sum_{i=1}^{m} x_i$$

$$= [\sum_{i=1}^{m} x_i \langle a_{ij} \rangle_\alpha^L / \sum_{i=1}^{m} x_i, \sum_{i=1}^{m} x_i \langle a_{ij} \rangle_\alpha^R / \sum_{i=1}^{m} x_i]$$

即

$$\langle \tilde{f}_j(\pmb{x}) \rangle_\alpha^L = \sum_{i=1}^{m} x_i \langle a_{ij} \rangle_\alpha^L / \sum_{i=1}^{m} x_i, \langle \tilde{f}_j(\pmb{x}) \rangle_\alpha^R = \sum_{i=1}^{m} x_i \langle a_{ij} \rangle_\alpha^R / \sum_{i=1}^{m} x_i, c_j \in C_3$$

(4) 总和型

当 $x_i = 1$ 时, $\tilde{f}_j(\pmb{x}) = \sum_i \tilde{a}_{ij}$, 即

$$\tilde{f}_j(\pmb{x}) = \sum_{i=1}^{m} x_i \tilde{a}_{ij}$$

α 截集为

$$\langle \tilde{f}_j(\boldsymbol{x}) \rangle_\alpha = \langle \sum_{i=1}^m x_i \tilde{a}_{ij} \rangle_\alpha$$

$$= \sum_{i=1}^m x_i \langle \tilde{a}_{ij} \rangle_\alpha$$

$$= [\sum_{i=1}^m x_i \langle a_{ij} \rangle_\alpha^L, \sum_{i=1}^m x_i \langle a_{ij} \rangle_\alpha^R]$$

即

$$\langle \tilde{f}_j(\boldsymbol{x}) \rangle_\alpha^L = \sum_{i=1}^m x_i \langle a_{ij} \rangle_\alpha^L, \langle \tilde{f}_j(\boldsymbol{x}) \rangle_\alpha^R = \sum_{i=1}^m x_i \langle a_{ij} \rangle_\alpha^R, c_j \in C_4$$

因此，最终的规划模型为

$$\max g(\boldsymbol{x}) = \big(\sum_{j=1}^n w_j \langle \tilde{f}_j(\boldsymbol{x}) \rangle_\alpha^L + \sum_{j=1}^n w_j \langle \tilde{f}_j(\boldsymbol{x}) \rangle_\alpha^R \big)$$

s.t

$$\langle \tilde{f}_j(\boldsymbol{x}) \rangle_\alpha^L = \bigvee_{i=1}^m x_i \langle a_{ij} \rangle_\alpha^L, \langle \tilde{f}_j(\boldsymbol{x}) \rangle_\alpha^R = \bigvee_{i=1}^m x_i \langle a_{ij} \rangle_\alpha^R, c_j \in C_1$$

$$\langle \tilde{f}_j(\boldsymbol{x}) \rangle_\alpha^L = 1 - \bigvee_{i=1}^m x_i(1 - \langle a_{ij} \rangle_\alpha^L), \langle \tilde{f}_j(\boldsymbol{x}) \rangle_\alpha^R = 1 - \bigvee_{i=1}^m x_i(1 - \langle a_{ij} \rangle_\alpha^R), c_j \in C_2$$

$$\langle \tilde{f}_j(\boldsymbol{x}) \rangle_\alpha^L = \sum_{i=1}^m x_i \langle a_{ij} \rangle_\alpha^L / \sum_{i=1}^m x_i, \langle \tilde{f}_j(\boldsymbol{x}) \rangle_\alpha^R = \sum_{i=1}^m x_i \langle a_{ij} \rangle_\alpha^R / \sum_{i=1}^m x_i, c_j \in C_3$$

$$\langle \tilde{f}_j(\boldsymbol{x}) \rangle_\alpha^L = \sum_{i=1}^m x_i \langle a_{ij} \rangle_\alpha^L, \langle \tilde{f}_j(\boldsymbol{x}) \rangle_\alpha^R = \sum_{i=1}^m x_i \langle a_{ij} \rangle_\alpha^R, c_j \in C_4$$

$$1 \leq \sum_{i=1}^m x_i \leq N, x_i \in \{0,1\}$$

这是一个 0-1 规划模型，因此无论有多少潜在的供应商，均可由穷举法计算得出最佳组合。随着潜在供应商数量的增加，模型的计算会变得复杂，但在实际环境中，公司常常并没有太多潜在供应商，因此穷举法可适用于解决实际问题。

2.3.2 决策步骤

上述方法包含以下 5 个步骤。

步骤 1：确定准则及其权重。

步骤 2：分别根据正三角模糊数或语言变量评价供应商绩效。

步骤3：构建模糊决策矩阵并标准化。
步骤4：选择合适的置信水平 α，构建 0-1 规划模型。
步骤5：求解模型并得到最合适的供应商组合。

2.4 算例分析

由于顾客需求的变化，中国旅游食品市场在过去 10 年发生了明显的改变。顾客更倾向于高品质和多变的口味，许多新企业依靠提供全新的产品来发展，企业需要这种创新来保持核心竞争力。湖南省的一家旅游食品企业计划提供一种新产品，企业需要几种新原料，为此需要选择供应商。该供应商组合选择采用多准则分析方法。

企业经理和相关管理者给出了详细的需求，他们采用前面分析的四种类型的准则来建立综合评价系统。经筛选，备选的潜在供应商共有 6 家，具体选择程序如下。

步骤1：使用 AHP 方法确定准则权重。

准则权重见表 2-2，成本型准则集合为 $C_C = \{c_8\}$，效益型准则集合为 $C_B = \{c_j \mid j = 1, 2, \cdots, 7\}$。

表 2-2 准则权重

准则	c_1	c_2	c_3	c_4	c_5	c_6	c_7	c_8
权重	0.313	0.071	0.071	0.071	0.043	0.057	0.188	0.188

步骤2：6 家供应商的绩效评价值见表 2-3，包含实数、三角模糊数和语言变量。

表 2-3 6 家供应商的绩效评价值

供应商	c_1	c_2 /($\times 10^3$ kg/周)	c_3	c_4	c_5	c_6	c_7	c_8 /kg
a_1	P	<0.7, 0.8, 1.0>	VG	F	MP	F	P	35

续表

供应商	c_1	c_2 /($\times 10^3$ kg/周)	c_3	c_4	c_5	c_6	c_7	c_8 /kg
a_2	F	<0.3, 0.6, 0.9>	VG	G	VG	G	VP	33
a_3	P	<0.6, 0.8, 0.9>	G	VP	VG	VG	F	30
a_4	F	<0.5, 0.6, 0.8>	VG	VP	G	P	MG	28
a_5	MP	<0.4, 0.5, 0.6>	F	MP	F	P	F	36
a_6	VG	<0.5, 1.0, 1.5>	MP	P	VP	VG	VP	27

步骤3：将表2-3中的实数和语言变量的评价值转化为正三角模糊数，组成表2-4的模糊决策矩阵，表2-5为标准化模糊决策矩阵。

表2-4 模糊决策矩阵

供应商	c_1	c_2	c_3	c_4	c_5	c_6	c_7	c_8
a_1	<0, 1, 3>	<0.7, 0.8, 1.0>	<9, 10, 10>	<3, 5, 7>	<1, 3, 5>	<3, 5, 7>	<0, 1, 3>	<35, 35, 35>
a_2	<3, 5, 7>	<0.3, 0.6, 0.9>	<9, 10, 10>	<7, 9, 10>	<9, 10, 10>	<7, 9, 10>	<0, 0, 1>	<33, 33, 33>
a_3	<0, 1, 3>	<0.6, 0.8, 0.9>	<7, 9, 10>	<0, 0, 1>	<9, 10, 10>	<9, 10, 10>	<3, 5, 7>	<30, 30, 30>
a_4	<3, 5, 7>	<0.5, 0.6, 0.8>	<9, 10, 10>	<0, 0, 1>	<7, 9, 10>	<0, 1, 3>	<5, 7, 9>	<28, 28, 28>
a_5	<1, 3, 5>	<0.4, 0.5, 0.6>	<3, 5, 7>	<1, 3, 5>	<3, 5, 7>	<0, 1, 3>	<3, 5, 7>	<36, 36, 36>
a_6	<9, 10, 10>	<0.5, 1.0, 1.5>	<1, 3, 5>	<0, 1, 3>	<0, 0, 1>	<9, 10, 10>	<0, 0, 1>	<27, 27, 27>

表2-5 标准化模糊决策矩阵

供应商	c_1	c_2	c_3	c_4
a_1	<0.0, 0.1, 0.3>	<0.123, 0.140, 0.175>	<0.9, 1.0, 1.0>	<0.3, 0.5, 0.7>
a_2	<0.3, 0.5, 0.7>	<0.053, 0.105, 0.158>	<0.9, 1.0, 1.0>	<0.7, 0.9, 1.0>
a_3	<0.0, 0.1, 0.3>	<0.106, 0.140, 0.158>	<0.7, 0.9, 1.0>	<0.0, 0.0, 0.1>
a_4	<0.3, 0.5, 0.7>	<0.088, 0.105, 0.140>	<0.9, 1.0, 1.0>	<0.0, 0.0, 0.1>
a_5	<0.1, 0.3, 0.5>	<0.070, 0.088, 0.105>	<0.3, 0.5, 0.7>	<0.1, 0.3, 0.5>
a_6	<0.9, 1.0, 1.0>	<0.105, 0.175, 0.263>	<0.1, 0.3, 0.5>	<0.0, 0.1, 0.3>

供应商	c_5	c_6	c_7	c_8
a_1	<0.1, 0.3, 0.5>	<0.3, 0.5, 0.7>	<0.0, 0.1, 0.3>	<0.028, 0.028, 0.028>
a_2	<0.9, 1.0, 1.0>	<0.7, 0.9, 1.0>	<0.0, 0.0, 0.1>	<0.083, 0.083, 0.083>
a_3	<0.9, 1.0, 1.0>	<0.9, 1.0, 1.0>	<0.3, 0.5, 0.7>	<0.167, 0.167, 0.167>
a_4	<0.7, 0.9, 1.0>	<0.0, 0.1, 0.3>	<0.5, 0.7, 0.9>	<0.222, 0.222, 0.222>

续表

供应商	c_5	c_6	c_7	c_8
a_5	<0.3, 0.5, 0.7>	<0.0, 0.1, 0.3>	<0.3, 0.5, 0.7>	<0.000, 0.000, 0.000>
a_6	<0.0, 0.0, 0.1>	<0.9, 1.0, 1.0>	<0.0, 0.0, 0.1>	<0.250, 0.250, 0.250>

步骤4：决策者设置初始化置信水平为 $\alpha = 0.5$，构建出模糊0-1规划模型。

步骤5：使用LINGO 9.0软件求解上述模型，选择不同供应商数量 N 时的供应商组合选择结果见表2-6，如果 $N>1$，同时选择 a_2 和 a_4 为最优选择。

表2-6 $\alpha = 0.5$ 时的供应商组合

N	供应商组合
1	a_6
2	a_2, a_4
3	a_2, a_4
4	a_2, a_4
5	a_2, a_4
6	a_2, a_4

α 的取值范围为 [0, 1]，置信水平（即隶属度）低于 α 的评价值将被删除，α 值越大，表示需要的置信水平越精确，决策者直接限定 α 值，或选择不同 α 值中的最常见组合，例如，表2-7显示供应商组合 a_2 和 a_4 应为最优选择（$N=6$）。

表2-7 $N=6$ 时不同 α 值下的供应商组合

α	供应商组合	目标值
0	a_2, a_4	1.117
0.1	a_2, a_4	1.120
0.3	a_2, a_4	1.122
0.5	a_2, a_4	1.124
0.7	a_2, a_4	1.127
0.9	a_2, a_4	1.130
1	a_2, a_4	1.131

2.5 比较分析

表2-6给出了仅选择一家供应商（$N=1$）和选择多家供应商的区别，其中N为可选供应商的数量。有趣的是，当$N=1$时，a_6是最优供应商，而当$N>1$时，a_2和a_4成为最优供应商组合，a_6不再包含在最优供应商组合内。

这一差别反映了本模型的机制，即系统内的交互作用将导致外在表现体现出特别的结果。

在多准则分析框架中，尽管结果上的差别通常由使用不同的评价方法导致，本章中暂不讨论这一点。上述模型通过目标函数$g(x)$选择出了特定组合，即获得了附加价值函数。该类价值函数已在多准则分析领域广泛应用，因此，本模型评价方案使用的依然是传统方法。

明确地说，本章使用目标函数$g(x)$评价每一个供应商，并依据评价结果对其排序，其排序结果与参考文献［172］（见表2-8）中一致。因此，表2-6中有趣的结果并非是由排序方法造成的。

表2-8 当$\alpha=0.5$时的单选排序结果

选择单一供应商	目标值	排序	参考文献［172］的排序
a_1	0.590	6	6
a_2	0.956	3	3
a_3	0.811	4	4
a_4	1.048	2	2
a_5	0.700	5	5
a_6	1.054	1	1

进一步地，如果我们选择表2-8中排序位于第一和第二的供应商（a_6和a_4）组成供应商组合，目标值$g(x)$为0.967，该值低于选择排序位于第二和第三的供应商（a_4和a_2）的值1.124。类似地，选择a_2和a_6的值为0.929，同样小于1.124。这一比较更加清晰地体现了本模型的特点。

图2-5详细地分析了本模型和现有多准则分析方法之间的相似点。

(1) 单一供应商的排序相同。如果令 $x_1 = (1,0,0,0,0,0)$（表示仅选择供应商 a_1），$x_2 = (0,1,0,0,0,0)$（表示仅选择供应商 a_2），$x_3 = (0,0,1,0,0,0)$，…，$x_6 = (0,0,0,0,0,1)$，然后分别计算相同的目标值 $g(x)$，可以得到 $g(x_6) > g(x_4) > g(x_2) > g(x_3) > g(x_5) > g(x_1)$，这一排序与现有多准则分析方法给出的对这些供应商的排序相同。

(2) 因此，当 $N=1$（即组合内最多仅有一家供应商）时，上述方法会选中供应商 a_6；另一方面，使用现有多准则分析方法进行选择也同样会选择 a_6。

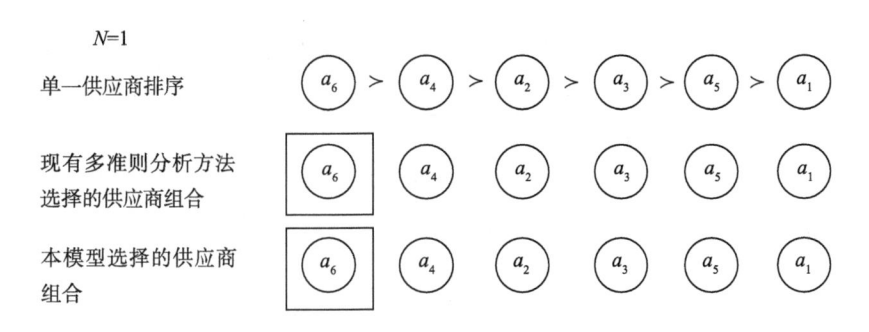

图 2-5 相似点

本方法的优势如下：

(1) 若要选择多个供应商来构建供应商组合，现有多准则分析方法会依据单一供应商的排序逐个选择出供应商并构建组合。例如，若要选择 2 个供应商来构建组合，现有方法将依次选出并构建成 (a_6, a_4)，但这一选择可能并非最优选择。使用本章中的方法，组合选择结果将变为 (a_4, a_2)，如图 2-6 所示，实际上，组合 (a_4, a_2) 更优。

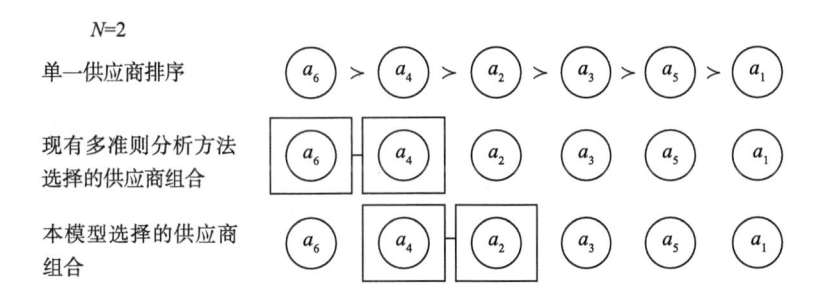

图 2-6 $N=2$ 时的区别

为什么供应商组合（a_4，a_2）比组合（a_6，a_4）更优呢？鉴于两种组合均选择了供应商 a_4，此处仅需分析供应商 a_2 和 a_6 的不同之处及影响。由表 2-9 可以看出，准则（c_3，c_4，c_5）下，供应商 a_2 比 a_6 表现更好，而准则（c_1，c_2，c_6，c_8）下，供应商 a_6 比 a_2 更好。由于准则 c_1 和 c_4 是短板型准则，因此准则 c_1 和 c_4 下，供应商 a_2 和 a_6 并不会影响到组合绩效，即无论选择供应商 a_2 还是 a_6，组合绩效将分别保持"F"和"VP"。那么供应商 a_2 的相对优势体现在准则（c_3，c_5）下，而供应商 a_6 的相对优势则体现在准则（c_2，c_6，c_8）下。

表 2-9 三家供应商的评价

供应商	c_1	c_2	c_3	c_4	c_5	c_6	c_7	c_8
a_2	F	<0.3, 0.6, 0.9>	VG	G	VG	G	VP	33
a_4	F	<0.5, 0.6, 0.8>	VG	VP	G	P	MG	28
a_6	VG	<0.5, 1.0, 1.5>	MP	P	VP	VG	VP	27

由于准则 c_5 和 c_6 均为长板型准则，因此若组合选择在供应商 a_2 和 a_6 之间改变，组合绩效将在"G"和"VG"之间改变。准则 c_5（0.043）和 c_6（0.057）的权重非常相近。因此，关于准则 c_5 和 c_6，在供应商 a_2 和 a_6 之间改变选择的影响，一个从 G 变为 VG，另一个从 VG 变为 G，几乎相互抵消。因此下一步分析中可消去准则 c_5 和 c_6。

实际上，从供应商 a_2 变为 a_6 的最大影响之处在于准则 c_3。注意到准则 c_3 是短板型准则，因此，若选择供应商 a_2，组合绩效应为 VG，否则，若将供应商 a_2 替换为 a_6，绩效则将降为 MP，存在巨大的退步。因此，可以发现，若选择供应商 a_6 而不是 a_2，准则 c_2 和 c_8 下组合绩效的提高显然不足以弥补准则 c_3 下的降低。

(2) 现有多准则分析方法无法回答当 $N \geq 3$ 时具体需要多少家供应商，而只能人工预设一个数量。例如，当 $N=3$ 时，若管理者认为需要 3 家供应商，那么将会选择（a_6，a_4，a_2）。相反的，当仅限定组合内的供应商总数量小于 N 时，本章所提方法将选择（a_4，a_2）作为最佳方案（见图 2-7）。供应商组合（a_4，a_2）优于（a_6，a_4，a_2）的原因是多出的供应商 a_6 在几个短板型准则下会降低组合绩效。

$N=3$

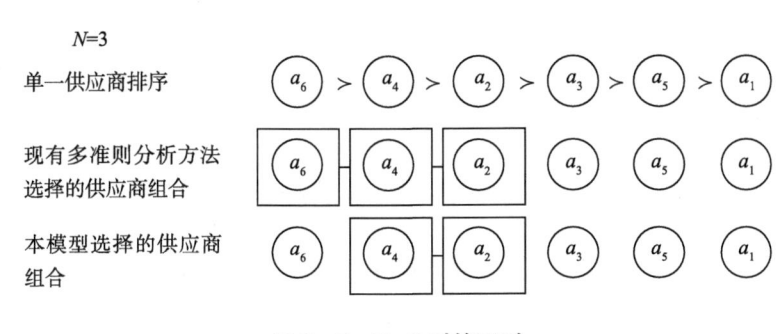

单一供应商排序　　$a_6 > a_4 > a_2 > a_3 > a_5 > a_1$

现有多准则分析方法选择的供应商组合　　$\boxed{a_6}\ \boxed{a_4}\ \boxed{a_2}\ a_3\ a_5\ a_1$

本模型选择的供应商组合　　$a_6\ \boxed{a_4\ a_2}\ a_3\ a_5\ a_1$

图 2-7　$N=3$ 时的区别

2.6　本章小结

总的来说，供应商组合选择和单一供应商选择有许多不同之处，这些不同主要由组合内供应商成员之间的交互作用所导致。本章给出了模糊环境下选择供应商组合的规划方法。该规划基于选择单一供应商的模糊多准则分析矩阵，使用语言变量和三角模糊数来处理评价中的模糊性。通过求解该规划，选出最合适的供应商组合。最后，以一个算例验证了该方法的有效性，并在讨论部分展示了组合选择与依据多准则分析方法给出单一排序的单一选择不同。上述模型同样可以应用于其他类似问题中。

3 不确定信息下供应商组合订单分配基础模型

供应商组合选择完成后，下一步即为如何在这些供应商之间分配订单。与现有常规订单分配方法不同的是，不确定信息使得分配效果较难量化，因此，当企业接到下游订单而需要相应采购，同时对采购标准有一定柔性范围时，如何分配对上游企业的采购订单，以实现优势互补，是接下来要进行的主要研究内容。

为了解决这一问题，本章建立了多供应商订单分配模型，给各约束条件分别设定阈值，用三角模糊数来表示企业对产品质量、缺货风险等因素的模糊约束，以连续函数的形式反映企业对各种程度约束的满意程度以及变化曲线。以次品率为例，企业最希望的次品率为0，可以接受的最大次品率为5%，随着次品率从0上升到5%，企业的满意度逐渐降低。在伴随上述约束时进行订单分配，供应商会有动力在能力范围内降低产品次品率的同时，又减少了对总成本这一核心目标的影响。

随后，通过模糊规划的方法，得出柔性约束下订单分配伴随规划模型进行求解，并详细讨论分析了传统硬性约束与本章柔性约束下订单分配的区别，计算了柔性约束所能带来的成本的节约和效用的提高，详细对比了传统硬性约束与本章柔性约束在面对企业标准或供应商绩效改变时，单一因素的失真对柔性约束下的订单分配影响更平缓，即柔性约束下的订单分配模型具有更好的稳定性和容错性，不会因为某因素的误差而导致明显的分配不合理。

3.1 基本假设

本章使用的部分参数和变量见表3-1。

表3-1 参数定义

	符号	含义
索引	i	供应商，m个供应商集合 $i=\{1,2,\cdots,m\}$
	k	产品，l种产品集合 $k=\{1,2,\cdots,l\}$
变量	x_{ik}	供应商i分配到的k产品的订单比例
	λ	整体满意度
参数	V_{ik}	供应商i供应k产品的预计最大供应量
	D_k	k产品的预测需求
	$\tilde{D}_k$	k产品的模糊需求
	p_{ik}	供应商i供应k产品的单位价格
	Q_{ik}	供应商i供应k产品的次品率
	$\tilde{Q}_k$	企业接受的k产品次品率
	U_{ik}	供应商i供应k产品的缺货率
	$\tilde{U}_k$	企业认可的k产品模糊缺货率

3.2 供应商组合订单分配模型

3.2.1 初始模型

（1）目标函数

最小化总成本

$$\min Z = \sum_{k=1}^{l}\sum_{i=1}^{m} p_{ik}D_k x_{ik} \qquad (3-1)$$

总成本为单价乘以订购量。

（2）柔性约束

1）产品质量约束。产品次品率须在接受范围内，企业接受的k产品次品

率以三角模糊数 $\tilde{Q}_k = (a_k^Q, b_k^Q, c_k^Q)$ 表示，次品率属于左极值型约束，越低越好。单就次品率而言，b_k^Q 为企业硬性约束时的标准，小于 b_k^Q 就完全满意，为了降低成本等其他因素，企业对次品率可放宽到 c_k^Q，超过 c_k^Q 的产品企业将不予考虑。例如，企业满意的次品率为不超过3%，若能大幅降低成本，标准也可放宽至小于5%，可表示为 (0.03, 0.03, 0.05)。

$$\sum_{i=1}^{m} Q_{ik} x_{ik} \leq (a_k^Q, b_k^Q, c_k^Q), \quad k = 1, 2, \cdots, l \quad (3-2)$$

2) 缺货风险约束。企业在做订货决策时所参考的供应商最大供应量数值为预计最大供应量 V_{ik}，实际中，受限于随机因素和不确定情况，供应商的实际最大供应量只能是一个围绕 V_{ik} 波动的范围。对企业而言，实际供应量越小，满意度越低，隶属度越低。缺货风险约束以缺货率来表示，供应商 i 供应 k 产品的供应量依据预测的最大供应量 V_{ik} 来制定，当实际最大供应量大于或等于 V_{ik} 时，不会造成缺货，最大缺货率为 0，记为 b_k^U；实际最大供应量小于该值时，存在缺货风险，记为 c_k^U。

$$\sum_{i=1}^{m} U_{ik} x_{ik} \leq (b_k^U, b_k^U, c_k^U), \quad k = 1, 2, \cdots, l \quad (3-3)$$

3) 需求约束。预测需求为实数 D_k，显然实际需求是一个围绕预测需求波动的范围，设实际需求是预测需求 D_k 的 $\tilde{D}_k$ 倍，$\tilde{D}_k$ 在三角模糊数 (a_k^D, b_k^D, c_k^D) 范围内，即意味着 $\sum_{i=1}^{m} x_{ik}$ 可以不等于 1。例如，某产品实际需求最少为预测需求的 95%，最多超过预测需求 7%，即为 (0.95, 1.00, 1.07)。

$$\sum_{i=1}^{m} x_{ik} = (a_k^D, b_k^D, c_k^D), \quad k = 1, 2, \cdots, l \quad (3-4)$$

(3) 常规约束

1) 供应能力约束。供应商 i 供应 k 产品的数量不能超过预计最大供应量。

$$x_{ik} D_k \leq V_{ik}, \quad i = 1, 2, \cdots, m; k = 1, 2, \cdots, l \quad (3-5)$$

2) 非负约束。

$$x_{ik} \geq 0, \quad i = 1, 2, \cdots, m; k = 1, 2, \cdots, l \quad (3-6)$$

最终，资源限量为三角模糊数的线性规划模型 f_1 为

$$\min Z = \sum_{k=1}^{l} \sum_{i=1}^{m} p_{ik} D_k x_{ik}$$

s. t.

$$\sum_{i=1}^{m} Q_{ik} x_{ik} \leqslant (a_k^Q, b_k^Q, c_k^Q), \quad k = 1,2,\cdots,l$$

$$\sum_{i=1}^{m} U_{ik} x_{ik} \leqslant (b_k^U, b_k^U, c_k^U), \quad k = 1,2,\cdots,l$$

$$\sum_{i=1}^{m} x_{ik} = (a_k^D, b_k^D, c_k^D), \quad k = 1,2,\cdots,l$$

$$x_{ik} D_k \leqslant V_{ik}, \quad i = 1,2,\cdots,m; k = 1,2,\cdots,l$$

$$x_{ik} \geqslant 0, \quad i = 1,2,\cdots,m; k = 1,2,\cdots,l$$

3.2.2 等价模型

(1) 等价约束条件

为了求解初始模型,需要先将其转化为相对应的等价模型。将 f_1 中模糊约束条件(3-2)~约束条件(3-4)标准化,其中,约束条件(3-2)和约束条件(3-3)为相同类型约束,以约束条件(3-2)为例,其隶属函数定义为

$$\tilde{A}_k^Q(x) = \begin{cases} 1, & \tau_k^Q \leqslant b_k^Q \\ \dfrac{c_k^Q - \tau_k^Q}{c_k^Q - b_k^Q}, & b_k^Q < \tau_k^Q \leqslant c_k^Q \\ 0, & \tau_k^Q > c_k^Q \end{cases}$$

其中,$\tau_k^Q = \sum_{i=1}^{m} Q_{ik} x_{ik}$,图形如图 3-1 所示。

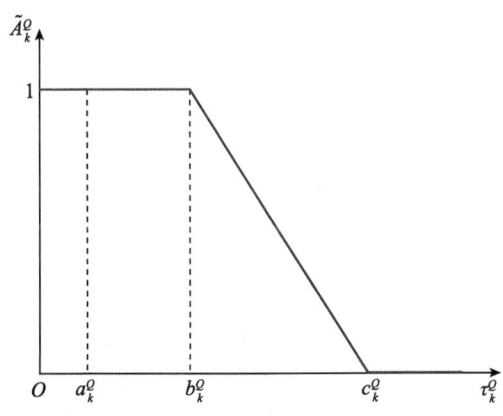

图 3-1 次品率的隶属函数

约束条件（3-4）的隶属函数定义为

$$\tilde{A}_k^D(x) = \begin{cases} 0, & \tau_k^D < a_k^D \\ \dfrac{\tau_k^D - a_k^D}{b_k^D - a_k^D}, & a_k^D \leq \tau_k^D < b_k^D \\ 1, & \tau_k^D = b_k^D \\ \dfrac{c_k^D - \tau_k^D}{c_k^D - b_k^D}, & b_k^D < \tau_k^D \leq c_k^D \\ 0, & \tau_k^D > c_k^D \end{cases}$$

其中，$\tau_k^D = \sum_{i=1}^{m} x_{ik}$，图形如图3-2所示。

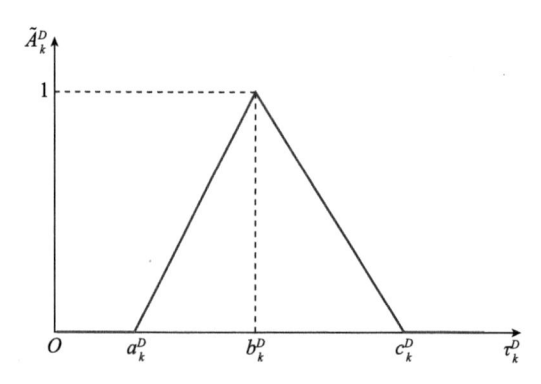

图3-2 需求约束的隶属函数

约束条件（3-2）~约束条件（3-4）为三角模糊数，为了得到该模型的全局最优解，先将其改写为普通约束：

$$\sum_{i=1}^{m} Q_{ik} x_{ik} \leq b_k^Q, \quad k = 1, 2, \cdots, l \tag{3-7}$$

$$\sum_{i=1}^{m} U_{ik} x_{ik} \leq b_k^U, \quad k = 1, 2, \cdots, l \tag{3-8}$$

$$\sum_{i=1}^{m} x_{ik} = b_k^D, \quad k = 1, 2, \cdots, l \tag{3-9}$$

用约束条件（3-7）~约束条件（3-9）替换原约束，形成如下的新规划 f_2。

$$\min Z = \sum_{k=1}^{l} \sum_{i=1}^{m} p_{ik} D_k x_{ik}$$

s.t.

$$\sum_{i=1}^{m} Q_{ik} x_{ik} \leq b_k^Q, \quad k = 1, 2, \cdots, l$$

$$\sum_{i=1}^{m} U_{ik} x_{ik} \leq b_k^U, \quad k = 1, 2, \cdots, l$$

$$\sum_{i=1}^{m} x_{ik} = b_k^D, \quad k = 1, 2, \cdots, l$$

$$x_{ik} D_k \leq V_{ik}, \quad i = 1, 2, \cdots, m; k = 1, 2, \cdots, l$$

$$x_{ik} \geq 0, \quad i = 1, 2, \cdots, m; k = 1, 2, \cdots, l$$

设规划 f_2 最优解为 Z_0。

再将原约束条件（3-2）~约束条件（3-4）改写为普通约束：

$$\sum_{i=1}^{m} Q_{ik} x_{ik} \leq c_k^Q, \quad k = 1, 2, \cdots, l \tag{3-10}$$

$$\sum_{i=1}^{m} U_{ik} x_{ik} \leq c_k^U, \quad k = 1, 2, \cdots, l \tag{3-11}$$

$$\sum_{i=1}^{m} x_{ik} \geq a_k^D, \quad k = 1, 2, \cdots, l \tag{3-12}$$

$$\sum_{i=1}^{m} x_{ik} \leq c_k^D, \quad k = 1, 2, \cdots, l \tag{3-13}$$

用约束条件（3-10）~约束条件（3-13）替换约束条件（3-2）~约束条件（3-4），形成如下的新规划 f_3。

$$\min Z = \sum_{k=1}^{l} \sum_{i=1}^{m} p_{ik} D_k x_{ik}$$

s.t.

$$\sum_{i=1}^{m} Q_{ik} x_{ik} \leq c_k^Q, \quad k = 1, 2, \cdots, l$$

$$\sum_{i=1}^{m} U_{ik} x_{ik} \leq c_k^U, \quad k = 1, 2, \cdots, l$$

$$\sum_{i=1}^{m} x_{ik} \geq a_k^D, \quad k = 1, 2, \cdots, l$$

$$\sum_{i=1}^{m} x_{ik} \leq c_k^D, \quad k = 1,2,\cdots,l$$

$$x_{ik} D_k \leq V_{ik}, \quad i = 1,2,\cdots,m; \; k = 1,2,\cdots,l$$

$$x_{ik} \geq 0, \quad i = 1,2,\cdots,m; \; k = 1,2,\cdots,l$$

(2) 等价目标函数

设规划 f_3 最优解为 Z_1。一般来说，应有 $Z_1 < Z_0$，则 $Z_0 - Z_1 > 0$。将目标函数模糊化，其隶属函数定义为

$$\tilde{G}(x) = \begin{cases} 1, & \tau_0 \leq Z_1 \\ \dfrac{Z_0 - \tau_0}{Z_0 - Z_1}, & Z_1 < \tau_0 \leq Z_0 \\ 0, & \tau_0 > Z_0 \end{cases}$$

其中，$\tau_0 = \sum\limits_{k=1}^{l} \sum\limits_{i=1}^{m} p_{ik} D_k x_{ik}$，图形如图 3-3 所示。

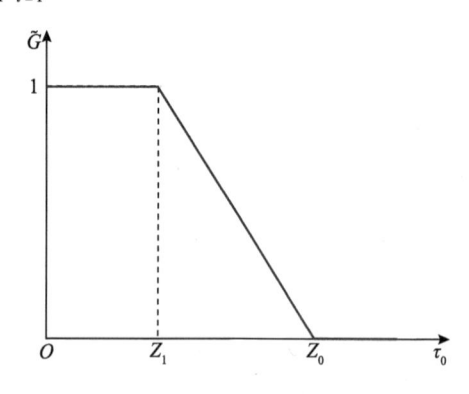

图 3-3 目标函数的隶属函数

要使模糊约束条件尽可能满足且目标函数尽可能达到最优，结合模糊优化理论[176,177]，则原规划模型转化为下述模型：

max λ

s. t.

$$\sum_{k=1}^{l} \sum_{i=1}^{m} p_{ik} D_k x_{ik} + (Z_0 - Z_1)\lambda \leq Z_0$$

$$\sum_{i=1}^{m} Q_{ik} x_{ik} + (c_k^Q - b_k^Q)\lambda \leq c_k^Q, \quad k = 1,2,\cdots,l$$

$$\sum_{i=1}^{m} U_{ik} x_{ik} + (c_k^U - b_k^U)\lambda \leq c_k^U, \quad k = 1, 2, \cdots, l$$

$$\sum_{i=1}^{m} x_{ik} - (b_k^D - a_k^D)\lambda \geq a_k^D, \quad k = 1, 2, \cdots, l$$

$$\sum_{i=1}^{m} x_{ik} + (c_k^D - b_k^D)\lambda \leq c_k^D, \quad k = 1, 2, \cdots, l$$

$$x_{ik} D_k \leq V_{ik}, \quad i = 1, 2, \cdots, m; \ k = 1, 2, \cdots, l$$

$$x_{ik} \geq 0, \quad i = 1, 2, \cdots, m; \ k = 1, 2, \cdots, l$$

$$\lambda \geq 0$$

下面，本章给出采用传统硬性约束和本章柔性约束时，订单分配结果的区别，并展示柔性约束在提高总效用、降低总成本方面的优势。

3.3 算例分析

A企业是一家生产电子产品的企业，拟订购两种集成电路，5家电子厂（a_1、a_2、a_3、a_4、a_5）初步符合条件留待进一步筛选采购。以月为计划生产周期，对两种集成电路（产品1、产品2）的需求标准及需求量见表3-2。每个供应商的供应能力是有限的，5家供应商的供应信息见表3-3、表3-4。取成本为目标函数，次品率、缺货率、需求约束为模糊约束条件。

表3-2 企业对两种产品的需求标准及需求量

产品	次品率 $\tilde{Q}$ /‰	缺货率 $\tilde{U}$ /‰	需求范围 $\tilde{D}$	总需求量/套
1	(5.0, 5.0, 6.5)	(2.0, 2.0, 2.5)	(0.97, 1.00, 1.02)	7000
2	(3.5, 3.5, 4.5)	(3.0, 3.0, 4.0)	(0.96, 1.00, 1.03)	5000

表3-3 第1种产品的数据

供应商	次品率 Q/‰	缺货率 U/‰	价格/（元/套）	最大供应量/套
a_1	6.2	2.7	3050	6000
a_2	4.6	1.5	3700	5000

续表

供应商	次品率 Q/‰	缺货率 U/‰	价格/（元/套）	最大供应量/套
a_3	5.7	1.6	3300	7000
a_4	5.4	2.9	3250	9000
a_5	4.7	2.0	3500	7000

表3-4　第2种产品的数据

供应商	次品率 Q/‰	缺货率 U/‰	价格/（元/套）	最大供应量/套
a_1	2.7	3.2	5200	9000
a_2	2.6	2.7	5000	5000
a_3	4.5	4.2	4700	6000
a_4	5.2	4.0	4600	7000
a_5	5.0	4.2	4300	8000

模型含有4个模糊约束条件，具体求解过程如下。

建立模糊规划模型，使用MATLAB求解，得到订购两种产品的数量和企业满意度，见表3-5。

表3-5　订购两种产品的数量和企业满意度

约束形式	第1种产品/套					第2种产品/套					满意度
	a_1	a_2	a_3	a_4	a_5	a_1	a_2	a_3	a_4	a_5	
硬性约束	646	0	1131	0	5223	0	4000	0	0	1000	—
柔性约束	3615	0	1884	0	1406	0	2235	0	0	2674	0.5468

经过规划求解，采用传统硬性约束的最小成本为4828.31万元，而采用本章柔性约束相应为4483.84万元，减少成本344.47万元，占比7.13%。此时，企业获得的产品绩效见表3-6。

表3-6　企业所选用两种产品的最终绩效

产品	次品率 $\tilde{Q}$/‰	缺货率 $\tilde{U}$/‰	总订购量/套
1	5.68	2.23	6930
2	3.95	3.45	4900

采用本章柔性约束与采用传统硬性约束相比，两种产品的次品率分别升高

0.68‰、0.45‰，缺货率分别升高 0.23‰、0.45‰，总需求分别减少 1%、2%，则总成本将减少 7.13%，此为该企业的最佳选择。最终各供应商分得的整体订单比例如图 3-4 所示。

产品1　产品2
a_1（9%）　a_5（20%）
a_3（16%）
a_5（75%）　a_2（80%）

（a）硬性约束模型

产品1　产品2
a_1（52%）　a_5（53%）
a_3（27%）
a_2（45%）
a_5（20%）

（b）柔性约束模型

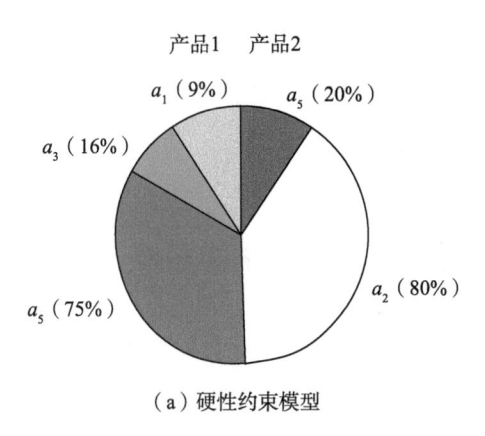

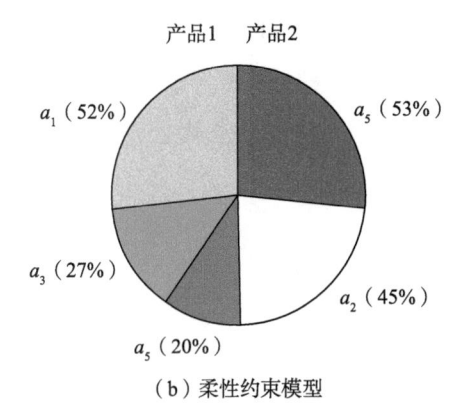

图 3-4　各供应商分得的整体订单比例

注：由于存在缺货率，故柔性约束模型的总和不是 100%。

可见，相较于传统硬性约束，本章柔性约束具有以下优势。

优势一：企业只需给出可接受标准的范围，规划模型自动找到范围内各标准值尽可能更优而总成本尽量最低的订单分配方案，达到总效用最大，体现在硬性约束方面，即在微量放宽次品率等标准后，较大幅度地减少了总成本，提高了总效用。传统硬性约束若要使标准符合最大效用，需要企业非常恰当地给出使总效用最高的次品率、缺货率等标准值，以使这些标准约束带来总效用最高的分配比例，这在现实中很难实现。柔性约束有效地弥补了这一缺陷。

优势二：存在两种或两种以上产品时，若需求可调节，会自动分配更多订单到效用更高的产品上。当两种产品互相具有可替代性时，只需要设置更宽松的需求范围，柔性模型将自动为效用更容易达到较高水平的产品分配更多订单，并自动减少对应产品的总订单，实现一种产品部分甚至全部替代另一种产品的效果。

3.4 比较分析

3.4.1 企业标准改变对订单分配的影响

本部分继续讨论柔性约束的另外四个方面的优势。以第 1 种产品的次品率为例，首先，分析企业对次品率的接受标准改变时的变化情况。企业现有的标准为 (5.0, 5.0, 6.5)。当次品率标准值从 4.7‰ 逐渐上升为 6.5‰ 时，订单分配比例如图 3-5 所示。

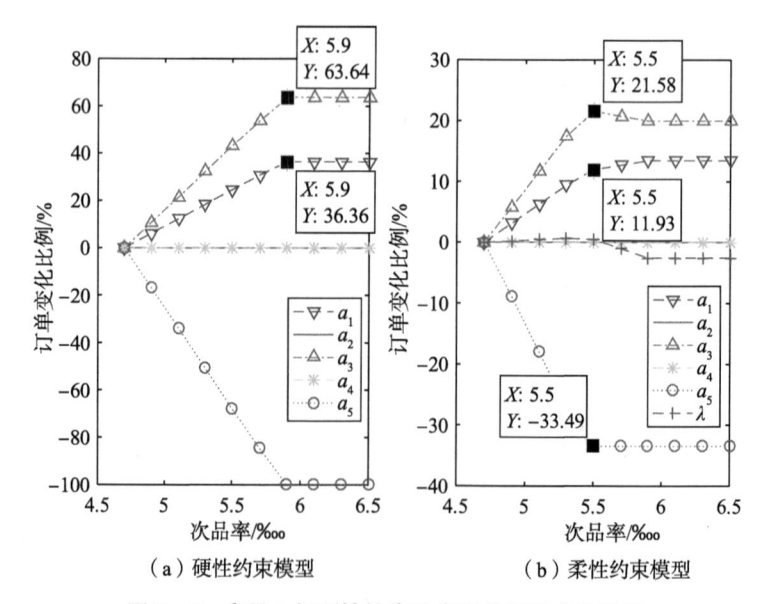

图 3-5 产品 1 仅硬性约束改变时的订单变化比例

3 不确定信息下供应商组合订单分配基础模型

图 3-5 中横轴为次品率，纵轴为分配到的订单比例相较于最初订单比例的变化量，可以看到，随着次品率的升高，传统硬性约束的订单比例变化幅度更大。因此，可以得到柔性约束的如下第三、第四点优势。

优势三：柔性约束可以有效处理一定范围的不合理或失真标准。与本章柔性约束相比，传统硬性约束对单一准则的依赖性更高，对参数更敏感。正如上一节所分析，企业很难给出总效用最高的各个标准值，而标准中微小的误差便会造成订单分配比例的大幅度改变。本章柔性约束则较好地处理了这一问题，大幅度减少了成本、增加了总效用。此外，若企业根据发展需要决定逐渐提高产品标准，采用柔性约束的订单分配比例变化更为平缓，较易为供应商所接受。

优势四：柔性约束模型非常稳定，分配结果的变化范围有界，并不会因为企业给出的标准范围较大而导致订单分配结果无限变化。

若硬性约束和柔性约束同时改变，当企业可接受的次品率从 4.9‰ 逐渐上升为 7.6‰，且柔性标准相应从 6.4‰ 上升为 9.1‰ 时，采用传统硬性约束和本章柔性约束的订单分配比例如图 3-6 所示。

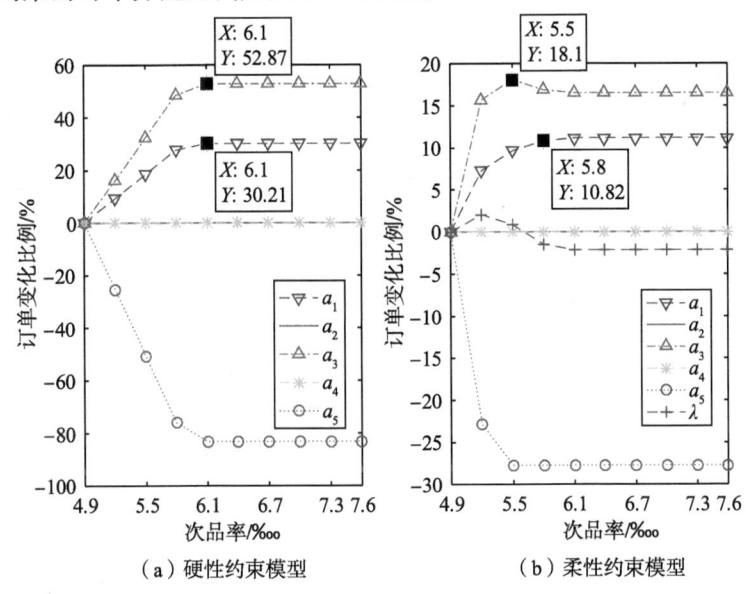

图 3-6 产品 1 硬性约束和柔性约束同时改变时的订单变化比例

柔性约束下的订单比例变化量依然显著低于硬性约束时的订单比例变化量，说明柔性约束模型具有较好的容错能力。

上述情况并非特例，而是普遍存在于模型中，图3-7为第2种产品的相应情况。企业目前对第2种产品的次品率的接受标准为（3.5，3.5，4.5）。当企业的标准值从2.7‰逐渐上升为4.5‰时，采用传统硬性约束和柔性约束的订单分配比例如图3-7所示。

可见，传统硬性约束和本章柔性约束下，供应商 a_2 逐渐减少了分配到的订单比例，而供应商 a_5 相应增加了分配到的订单比例，直至硬性约束达到3.3‰。在这一过程中，硬性约束比柔性约束的变化幅度更大。

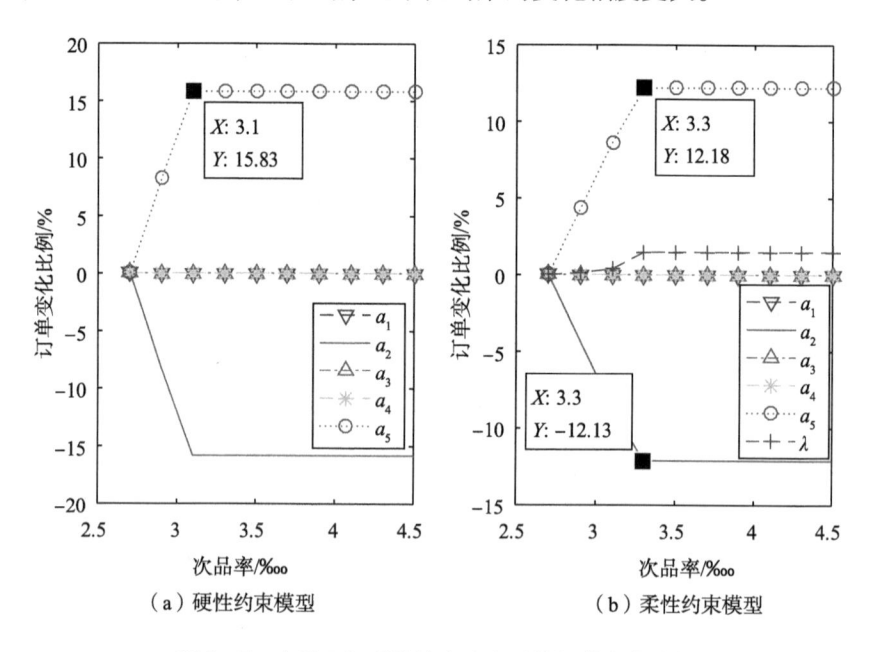

（a）硬性约束模型　　　　　（b）柔性约束模型

图3-7　产品2仅硬性约束改变时的订单变化比例

当企业的标准值从2.7‰逐渐上升为4.5‰，且柔性标准相应从3.7‰上升为5.5‰时，采用传统硬性约束和采用本章柔性约束的订单分配比例如图3-8所示。

(a) 硬性约束模型   (b) 柔性约束模型

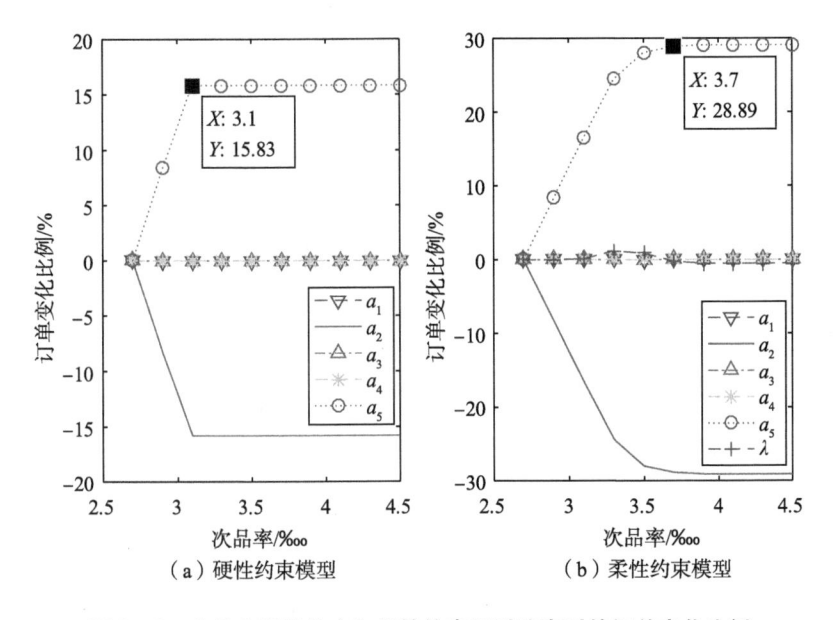

图 3-8 产品 2 硬性约束和柔性约束同时改变时的订单变化比例

可以看到，柔性约束时订单变化比例最大的为供应商 a_5，其增加量为 28.89%，之后增加量逐渐减少至 0，各供应商订单分配比例趋于稳定。

随着企业发展，对次品率、缺货率等标准的需求常常会同时提高或降低。若企业可接受的次品率从 4.7‰ 逐渐上升为 5.6‰，且柔性标准相应从 6.2‰ 升为 7.1‰，同时，企业可接受的缺货率从 1.8‰ 逐渐上升为 2.7‰，且柔性标准相应从 2.3‰ 上升为 3.2‰，下面分析采用传统硬性约束和本章柔性约束条件下，各供应商的订单分配比例变化情况。

为了更清晰地看出订单分配的变化情况，下面不仅给出次品率、缺货率变化时供应商 a_1 在硬性约束和柔性约束条件下的订单分配情况（见图 3-9），同时也给出其他参与订单分配的供应商（供应商 a_5）相应的订单变化情况，形成整体的订单分配方案，以便对比分析。

在缺货率、次品率均一致变化的情况下，硬性约束和柔性约束的订单分配方案具有明显的不同，柔性约束的重要性不容忽视。其最主要的不同之处在于，硬性约束的订单变化情况更为开放，而柔性约束的订单比例在升高到一定程度后趋于平稳，这是由于柔性约束本身的作用，使得缺货率、次品率在升高到一定程度后所起的作用逐渐减小，而其他约束开始起作用所致。

（a）硬性约束模型

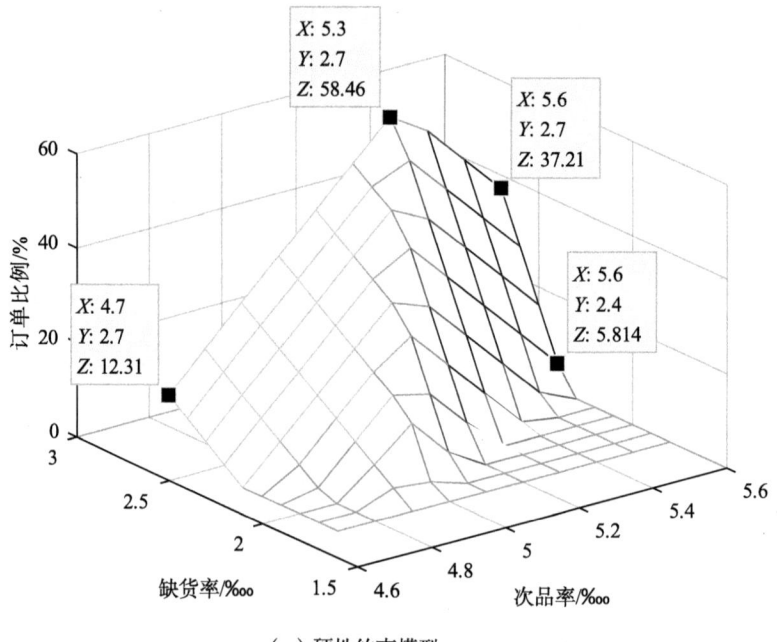

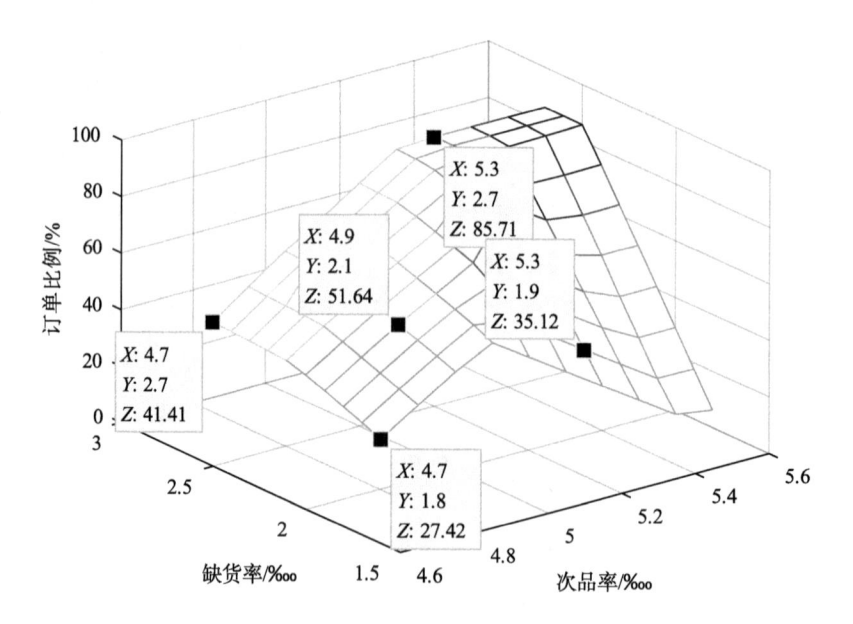

（b）柔性约束模型

图3-9 次品率、缺货率同时变化时供应商 a_1 的订单分配比例

供应商 a_5 的订单分配比例如图 3-10 所示。供应商 a_5 不仅具有前面各家供应商分配到的订单所具有的收敛现象，更进一步地，其出现了反转现象。

(a) 硬性约束模型

(b) 柔性约束模型

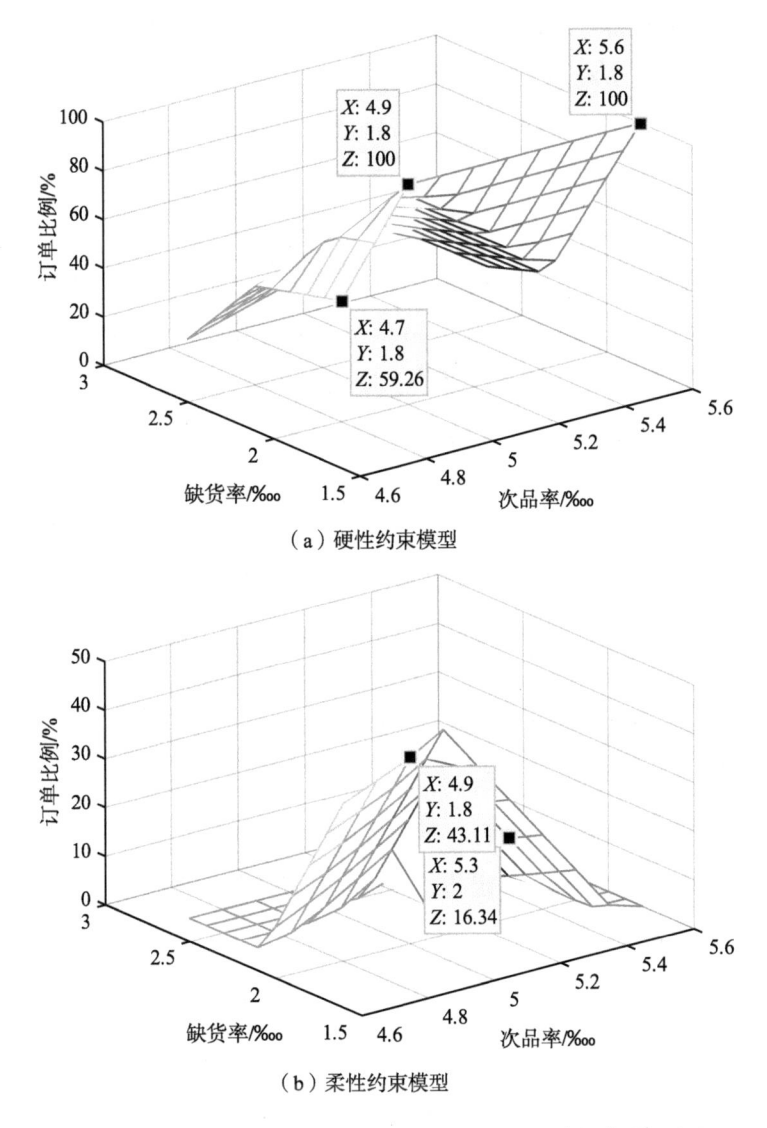

图 3-10 次品率、缺货率同时变化时供应商 a_5 的订单分配比例

由图 3-10 可以看到，硬性约束中，次品率超过 5‰ 之后其分配到的订单比例继续上升，但在柔性约束中，则出现了恰好相反的情况。这是由于随着标

准的放松,加之柔性约束本身具有的松弛范围,使得价格较低但次品率较高的新供应商(供应商 a_4)有机会加入该订单分配,从而取代了价格较高但次品率较低的供应商 a_5,降低了总成本。

标准的放宽使得价格较低的供应商分配到的订单比例增加,上面各供应商的订单比例变化图清晰地反映了次品率、缺货率标准的降低对订单比例的影响,可以看到,随着次品率、缺货率标准的线性降低,订单比例的变化呈现出一定的有界性,即成本不会线性降低,而本章柔性约束方法可以恰当地将标准和成本保持在最优化的状态。

特别地,缺货率为 1.8‰时,在次品率超过 5‰之后,硬性约束和柔性约束给出的供应商 a_5 订单分配结果呈现截然相反的趋势。在硬性约束中,次品率超过 5‰之后,供应商 a_5 将获得 100% 的订单,而在柔性约束中,供应商 a_5 在次品率 5‰处达到订单比例峰值后逐渐减少订单比例至 0。为了分析这一现象,图 3-11 给出了循环时偶尔参与订单分配的供应商 a_4 的分配比例。

可见,当缺货率为 1.8‰,次品率由 4.9‰上升至 5.6‰时,硬性约束情况下供应商 a_5 获得 100% 订单,由于柔性约束变化较平缓,因此供应商 a_1 的订单比例首先继续小幅上升,随后,供应商 a_1 和供应商 a_5 的订单比例均下降,而新加入的供应商 a_4 获得的订单比例相应上升。

类似的偏好反转现象并非特例,其体现出本章柔性约束的第五个优势。

优势五:柔性约束更具弹性,易接受新加入的供应商,以使订单分配结果尽可能优化,同时,其具有一定的趋势追随性,变化较平缓,有利于减少偶然因素带来的波动。

（a）硬性约束模型

（b）柔性约束模型

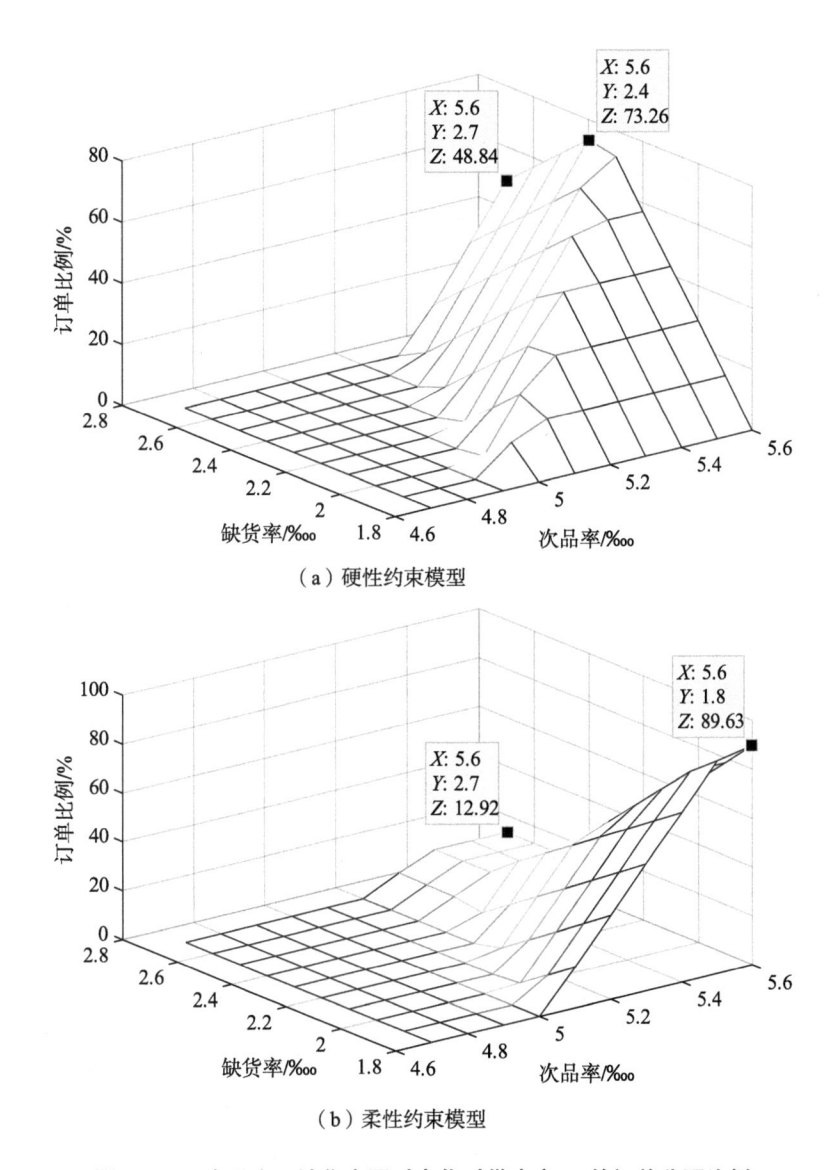

图 3-11　次品率、缺货率同时变化时供应商 a_4 的订单分配比例

3.4.2　供应商绩效改变对订单分配的影响

产品 1 供应商 a_1 的次品率由 5.5‰上升至 7.3‰的过程中，各个供应商分配到的订单比例如图 3-12 所示，由此可以看出本章柔性约束的第六个优势。

优势六：柔性约束对单一供应商的绩效保持了良好的包容性。相较于硬性约束，采用柔性约束进行订单分配更不容易因为某一供应商的绩效失真而带来整体订单分配的不合理。在现实中，尤其是供应商较多时，所有供应商均提供正确且精确的绩效情况有时很难达到，因此在供应商较多的大规模订单分配问题中，柔性约束具有明显的优势。

(a) 硬性约束模型

(b) 柔性约束模型

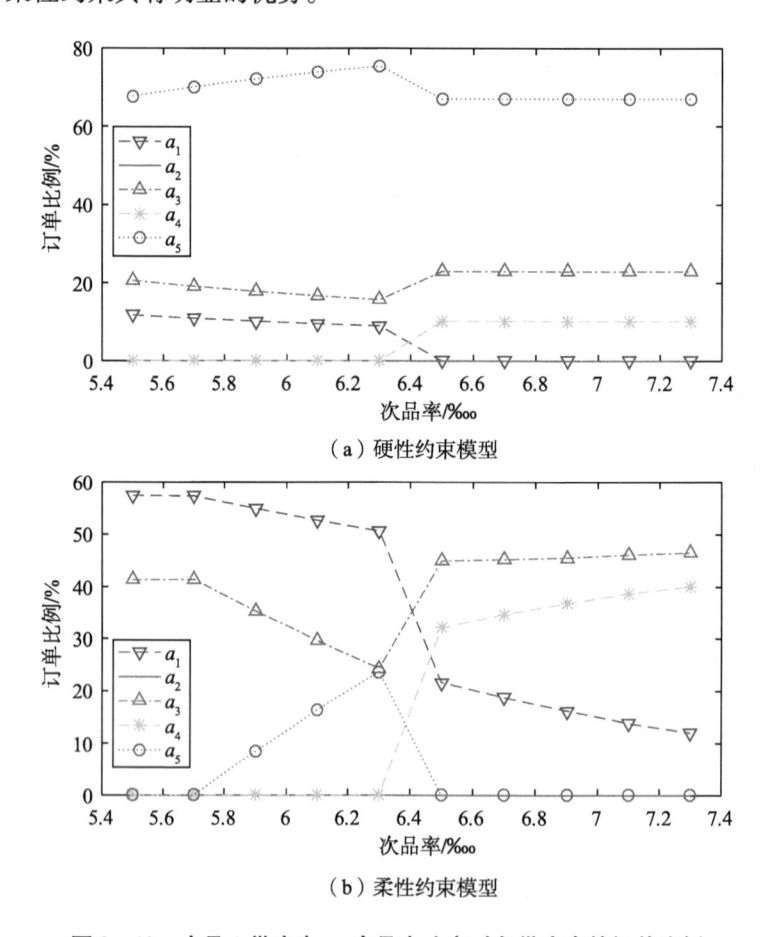

图 3-12 产品 1 供应商 a_1 次品率改变时各供应商的订单比例

此外，柔性约束模型中明显在次品率从 6.3‰ 过渡到 6.5‰ 时出现了大幅度的订单变化，这是由于此处恰好是新供应商（供应商 a_4）加入订单分配的临界点，这在前面已有所讨论。供应商 a_4 加入后，供应商 a_1 和供应商 a_5 分配到的订单比例均降低，因此，柔性约束模型中在次品率从 6.3‰ 过渡到 6.5‰ 时出现了大幅度的订单变化。如果除去次品率从 6.3‰ 过渡到 6.5‰ 时出现的订单变化，那么柔性约束条件下的订单变化幅度依然小于硬性约束条件下的订单变化幅度，因此此处并非柔性约束不具有稳定性。

图 3-13 给出了供应商 a_3 次品率改变时对应的订单比例变化情况，供应商 a_3 的次品率由 5‰ 上升至 6.8‰ 时，各个供应商分配到的订单比例再次印证了这一情况。图 3-13 中，柔性约束情况下的订单分配方案比硬性约束情况下的订单分配变化幅度明显更小，体现了其一贯的稳定性和包容性。而图 3-13 中，供应商 a_3 次品率改变时，并未出现供应商 a_1 次品率改变时的临界点，因此可以更清晰地反映出柔性约束的稳定性特性，其变化幅度明显小于硬性约束条件下的变化幅度，图线更为平缓。

（a）硬性约束模型

（b）柔性约束模型

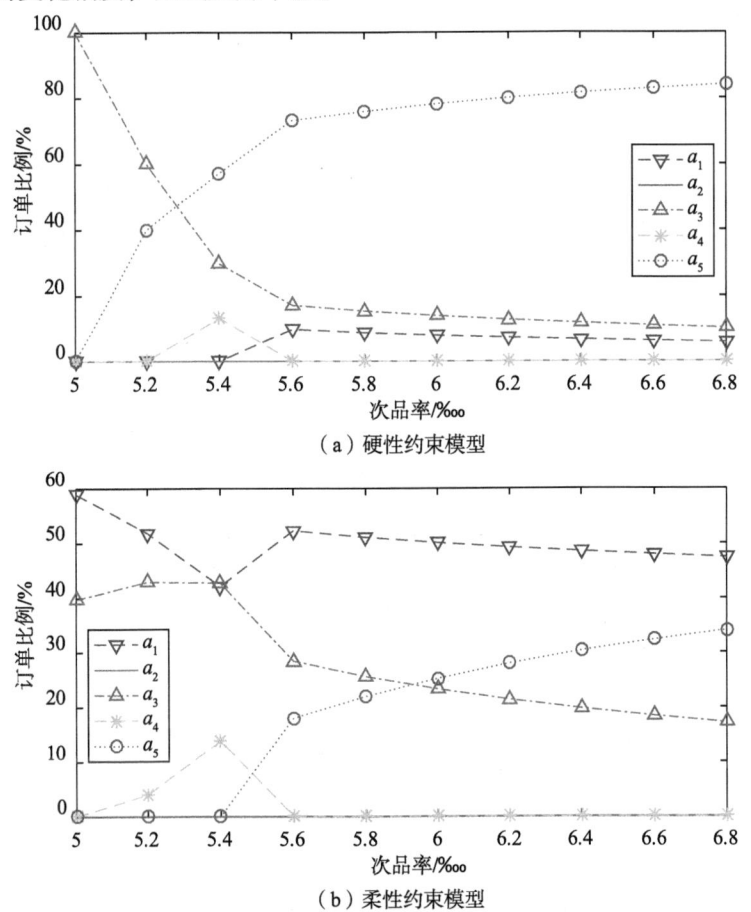

图 3-13　产品 1 供应商 a_3 次品率改变时各供应商的订单比例

供应商 a_5 的次品率由 4.2‰ 上升至 6‰ 时，各个供应商分配到的订单比例也符合这一论证（见图 3-14）。在图 3-14 中，硬性约束条件下显然发生了订单比例大幅度跳跃，这一跳跃可以理解为次品率处于临界点时产生的，因此，此处出现了共同的临界点，即供应商 a_5 的次品率由 4.8‰ 升至 5‰ 时，对于硬性约束模型和柔性约束模型，均会造成订单比例大幅度波动，但可以看出，柔性约束的波动范围要明显小于硬性约束的波动范围。

（a）硬性约束模型

（b）柔性约束模型

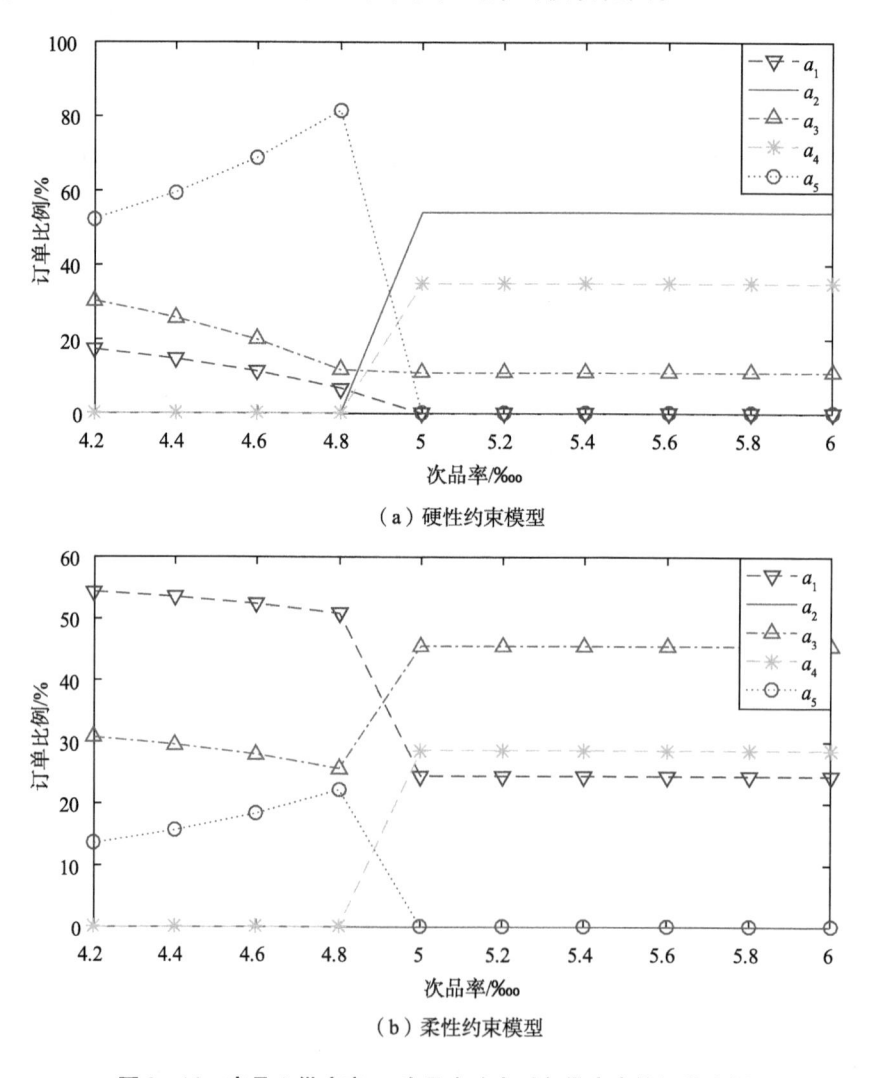

图 3-14 产品 1 供应商 a_5 次品率改变时各供应商的订单比例

根据以上分析，进一步考虑同时有两个供应商的绩效发生变化，订单分配会被如何影响。例如，产品 1 供应商 a_1 的次品率由 4.3‰ 上升至 6.2‰，同时供应商 a_3 的次品率由 3.8‰ 上升至 5.7‰，供应商 a_3 分配到的订单比例如图 3-15 所示。可以看到，当供应商 a_1 和供应商 a_3 的次品率均较低时，订单也是稳定的，参考后面供应商 a_5 的订单比例可以发现，当供应商 a_1 和供应商 a_3 的次品率均在较低水平时，各供应商分配到的订单比例维持不变，次品率变化对订单分配结果未产生影响。这是由于此时供应商 a_1 和供应商 a_3 的次品率均低于起约束作用的临界值，在这一临界值之下，订单分配依据的是其他约束，而次品率约束未起到约束作用，只有当次品率超过一定数值时，订单分配结果才会受到次品率数值影响。

（a）硬性约束模型

（b）柔性约束模型

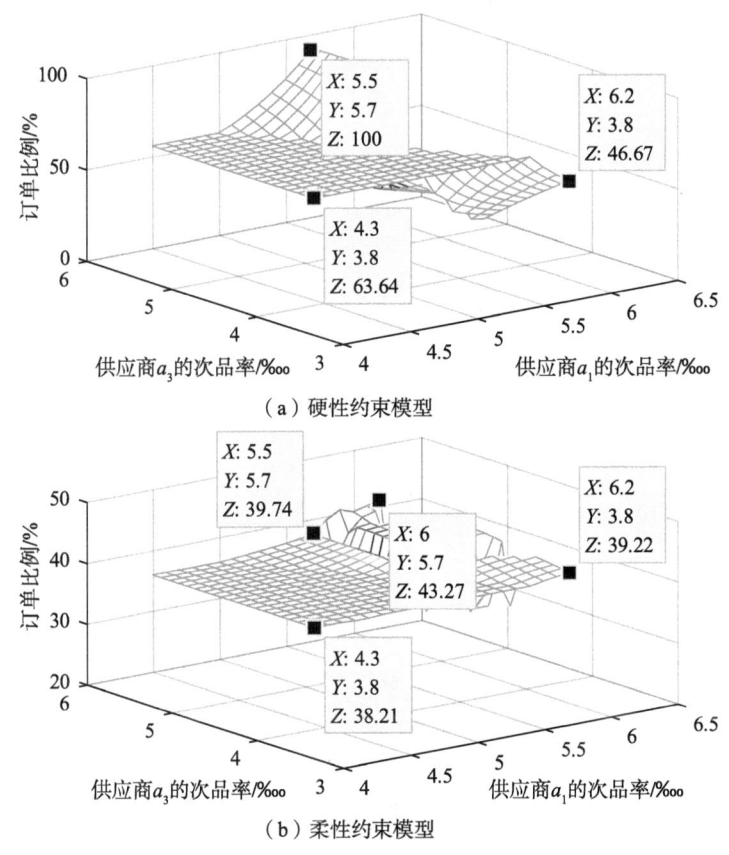

图 3-15　供应商 a_1、a_3 的次品率同时改变时供应商 a_3 的订单比例

供应商 a_1、a_3 的次品率同时改变时，供应商 a_5 分配到的订单比例如图 3-16 所示。容易发现，各供应商在柔性约束中获得的订单比例变化情况比硬性约束中要平缓很多，尤其在图 3-16 中，柔性约束下，供应商 a_5 比硬性约束下更少参与订单分配，仅在供应商 a_1 和供应商 a_3 的次品率均非常高时才参与订单分配，相比硬性约束更稳定。由此可以得到柔性约束的第七个优势。

优势七：柔性约束模型在处理新加入的供应商时也保持了一贯稳定的特性，相较于硬性约束，较少出现突然从一个新供应商处订购大量订单的情况，同时也较少出现大幅减少原供应商订单的情况。

（a）硬性约束模型

（b）柔性约束模型

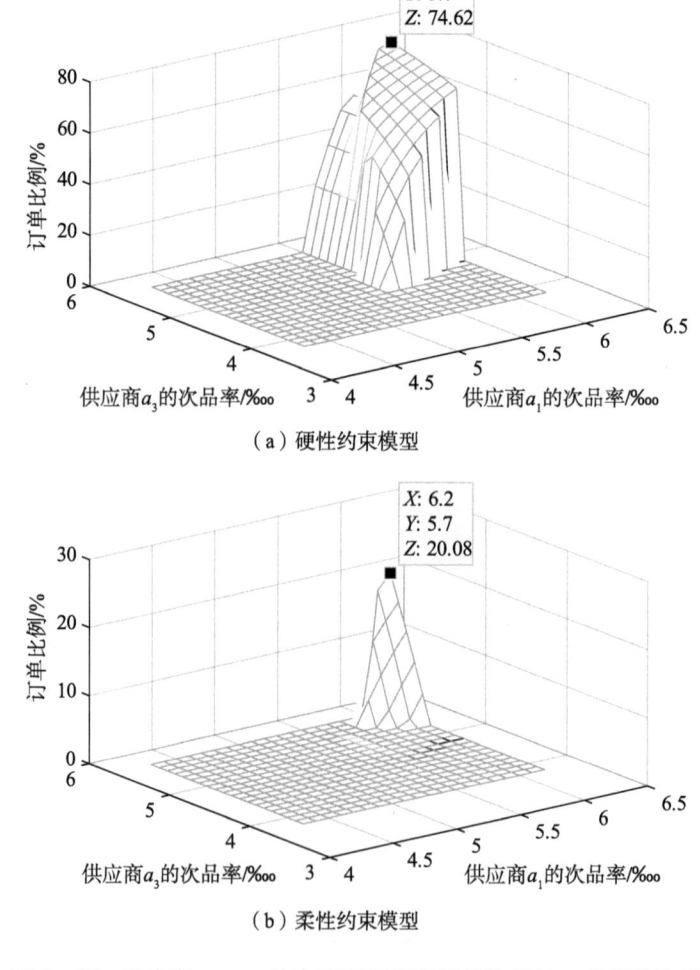

图 3-16　供应商 a_1、a_3 的次品率同时改变时供应商 a_5 的订单比例

这一结果与前面的分析一致，体现了柔性约束最主要的特点。这一特点可以有效地使供应商获得的订单比例在环境变化时保持平稳，同时新供应商的进入或旧供应商的退出也较为缓和。

3.5 本章小结

本章研究了产品标准模糊的订单分配规划模型。将企业标准由一个精确值扩展到一个模糊范围，引入隶属度来衡量企业对各个标准的满意程度。基于此，通过模糊规划方法，在企业的接受范围和偏好下，寻找使总效用最高的次品率、缺货率等标准值，以使各标准尽可能更优的情况下总成本最低。实例分析显示了该模型的有效性和稳定性，与传统硬性约束结果相比，柔性约束更适应现实情况，所取得的成果也更合理。

4 供应商组合订单分配直觉模糊规划模型

如第 3 章所述，企业在分配原材料订单中的实际需求可能更适合看作在一定约束下最小化总成本，只不过这些约束又不宜像传统单一目标模型中都看作是硬性的，而更类似于具有一定的模糊范围的次要目标。即当模型的某个可能取值使得此时的次要目标落在这些范围外时，约束成为硬性的，该取值不可行。反之，当模型的某个取值使得此时的次要目标落在这些范围内时，该取值可行。

然而，若能进一步对该取值进行调整，使得此时的次要目标在这些范围内改变，模型的整体表现（而不仅是成本这一核心目标）还有进一步优化的可能。可见，这种处理思路实际上同时集合了前述两种传统模型的优点，我们通过采用一个具有模糊约束的模糊规划模型对其加以实现。

在所建立的多供应商订单分配模型中，用模糊集来表示企业对产品质量、缺货风险等因素的模糊约束，以隶属函数的形式反映企业对这些模糊约束实现程度的满意度。以次品率为例，企业最希望的次品率为 0，可以接受的最大次品率为 5%，随着次品率从 0 上升到 5%，企业的次品率满意度这一模糊隶属度从某一最大值 μ_{max} 下降到 0。在伴随上述模糊约束进行订单分配时，供应商会有动力在其能力范围内降低产品次品率，同时又减少了对总成本这一核心目标的影响。而这种满意度上限 μ_{max} 的限制也避免了企业对次品率这一约束中的次要目标过度追求。

相对而言，设定某个约束条件的满意度最低可接受阈值较为容易，企业只需给出产品可接受的底线即可，但满意度上限，最高隶属度值 μ_{max} 较难精确给出。如果不能恰当地给出该值，那么对其限制便会存在偏差，甚至影响其达到最优规划状态。一个可行的思路是将该值以一个区间范围的形式给出，并将模型转换在该区间范围内求解，这实际上采用了一种直觉模糊的思想，它是在传统模糊集理论上的一种扩展，近年来已经被成功应用于各种领域[178,179]。

最终，我们建立起了具有直觉模糊约束的多供应商订单分配模型，并用一个实例分析了传统硬性约束模型与本模型所求得订单分配结果的区别，展示了采用直觉约束所能带来的成本的节约和效用的提高。讨论部分详细对比了传统硬性约束模型与本章模型面对企业标准或供应商绩效改变时的变化情况，体现了单一约束条件改变时本模型所得订单分配改变更平缓，即模型具有更好的稳定性和容错性，不会因为某因素的误差而导致明显的分配不合理。

4.1 预备知识

4.1.1 基本假设

本章使用的部分参数和变量见表4-1。

表4-1 参数定义

	符号	含义
索引	i	供应商，m个供应商集合 $i = \{1,2,\cdots,m\}$
	k	产品，l种产品集合 $k = \{1,2,\cdots,l\}$
变量	x_{ik}	供应商i分配到的k产品的订单比例
参数	V_{ik}	供应商i供应k产品的预计最大供应量
	D_k	k产品的预测需求
	$\tilde{D}_k$	k产品的模糊需求
	p_{ik}	供应商i供应k产品的单位价格
	Q_{ik}	供应商i供应k产品的次品率
	$\tilde{Q}_k$	企业接受的k产品次品率
	U_{ik}	供应商i供应k产品的缺货率
	$\tilde{U}_k$	企业认可的k产品模糊缺货率

4.1.2 约束构建

通过文献回顾，本章发现，根据书面约定或现实情况，很多约束对企业而言是模糊的，轻微的调整完全可以接受，这些约束主要分为两类，分别定义为极值型和居中型。

（1）极值型

这类约束的值用于表示相关准则下模型方案的绩效在指定范围内。因此，企业将更偏好能带来更高利润区间的约束值。左/右极值型约束分别指偏好其中的最低/最高约束值。

例如，次品率的约束值表示通过求解模型得到的供应商组合的实际次品率将低于该约束值。因此，企业认为该值越低越好，直到该值低到一定临界值以下，这之下的次品率值企业均完全满意。相反地，如果约束值太高，实际次品率将有可能超过企业可接受范围，即该约束无效。因此，质量约束是左极值型约束。相似地，缺货率同样属于该类型约束。

（2）居中型

这类约束的值用于表示相关准则下模型方案的绩效等于某特定值。因此，这类约束认为约束值与企业设置的理想值越接近越好。约束值越远离理想值，则模型方案的绩效越低，企业的满意度也越低。

以需求约束为例，当总订购量越偏离于期望需求量，企业的满意度越低，多于或少于需求量均会降低企业满意度，即企业希望该值越接近越好。因此，需求约束属于居中型约束。

4.1.3 直觉三角模糊数

如前所述，此处使用直觉模糊思想来反映组合供应商订单分配中的柔性方面。论域 X 中，直觉三角模糊数 $\tilde{A}$ 由隶属函数 $\mu_{\tilde{A}}(x)$ 和非隶属函数 $v_{\tilde{A}}(x)$ 组成，$0 \leq \mu_{\tilde{A}}(x) + v_{\tilde{A}}(x) \leq 1$。下面给出直觉三角模糊数的定义。

定义 4-1[97]　直觉三角模糊数 $\tilde{A} = (<a,b,c>;\mu_{\tilde{A}}, v_{\tilde{A}})$，$0 \leq \mu_{\tilde{A}} \leq 1$，

$0 \leqslant v_{\tilde{A}} \leqslant 1$，且 $0 \leqslant \mu_{\tilde{A}} + v_{\tilde{A}} \leqslant 1$。

其隶属函数为

$$\mu_{\tilde{A}}(x) = \begin{cases} \dfrac{x-a}{b-a}\mu_{\tilde{A}}, & a \leqslant x < b \\ \mu_{\tilde{A}}, & x = b \\ \dfrac{c-x}{c-b}\mu_{\tilde{A}}, & b < x \leqslant c \\ 0, & 其他 \end{cases}$$

其非隶属函数为

$$v_{\tilde{A}}(x) = \begin{cases} \dfrac{b-x+v_{\tilde{A}}(x-a)}{b-a}, & a \leqslant x < b \\ v_{\tilde{A}}, & x = b \\ \dfrac{x-b+v_{\tilde{A}}(c-x)}{c-b}, & b < x \leqslant c \\ 1, & 其他 \end{cases}$$

其隶属度图形如图 4-1 所示。

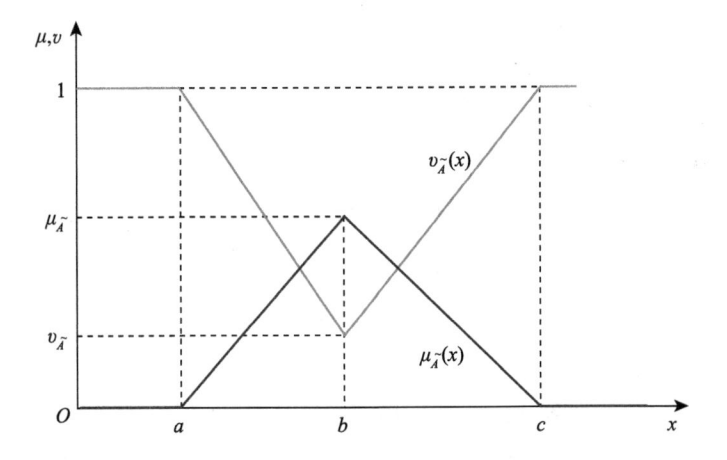

图 4-1 直觉三角模糊数的隶属度

4.2 供应商组合订单分配模型

4.2.1 初始模型

（1）目标函数

最小化总成本

$$\min Z = \sum_{k=1}^{l} \sum_{i=1}^{m} p_{ik} D_k x_{ik} \qquad (4-1)$$

（2）柔性约束

1）产品质量约束。次品率须不大于可接受次品率值，即

$$\sum_{i=1}^{m} Q_{ik} x_{ik} \leqslant \tilde{Q}_k, \quad k = 1, 2, \cdots, l \qquad (4-2)$$

可接受次品率值 $\tilde{Q}_k$ 是模糊的，企业对其可能有一定的柔性空间，此处用直觉三角模糊数 $\tilde{Q}_k = (<a_k^Q, b_k^Q, c_k^Q>; \mu_k^Q, \upsilon_k^Q)$ 表示，次品率属于左极值型约束，越低越好，因此这里 $a_k^Q \to -\infty$。

该约束表示：第一，若实际次品率 $\sum_{i=1}^{m} Q_{ik} x_{ik}$ 不大于 b_k^Q，那么企业对于产品质量的满意度是不变的，为 μ_k^Q，此时不满意度为 υ_k^Q；第二，若实际次品率高于 c_k^Q，那么满意度降为 0，此时不满意度为 1，即完全不满意；第三，若实际次品率在 b_k^Q 和 c_k^Q 之间，则满意度位于完全满意和完全不满意之间。

这表示，柔性约束包括两种形式：硬性形式和柔性形式。这两种形式之间的转换依据满意度和不满意度。当满意度足够低（小于 μ_k^Q）时，约束将从柔性形式转换为硬性形式。实际上，硬性形式恰好是硬性约束模型中使用的形式，可接受次品率为实数 b_k^Q。而柔性约束模型的逻辑是：若进一步优化成本和其他因素可以弥补次品率上的"损失"，那么它将被进一步放松，直到最大值 c_k^Q。

2）缺货风险约束。企业在做订货决策时所参考的供应商最大供应量数值为预计最大供应量 V_{ik}。实际中，受限于随机因素和不确定情况，供应商的实际最大供应量只能是一个围绕 V_{ik} 波动的范围，企业可接受的范围以直觉三角模糊数

$\tilde{V}_{ik} = (<a_{ik}^V, b_{ik}^V, c_{ik}^V>; \mu_{ik}^V, \upsilon_{ik}^V)$ 来表示，其中 b_{ik}^V 为 V_{ik} 的值，这是一个右极值型约束。即预计的最大供应量为 b_{ik}^V，但由于随机因素的影响，实际最大供应量可能不足 b_{ik}^V，而只能达到 a_{ik}^V。同样地，随机因素也可能使得最大供应量超过预计值 b_{ik}^V，而达到 c_{ik}^V。由于企业在做订货决策时所参考的数值为预计值 b_{ik}^V，因此超出的部分对实施订货决策没有影响，而不足的部分则会影响订货决策的实施。

$$x_{ik}D_k \leq \tilde{V}_{ik}, \quad i = 1,2,\cdots,m; k = 1,2,\cdots,l \quad (4-3)$$

3）期望需求约束。设期望需求为实数 D_k，则订购量 $\tilde{D}_k$ 是一个围绕 D_k 波动的模糊范围，表示为 $\tilde{D}_k = (<a_k^D, b_k^D, c_k^D>; \mu_k^D, \upsilon_k^D)$，其中 $b_k^D = D_k$，那么

$$\sum_{i=1}^m x_{ik}D_k = \tilde{D}_k, \quad k = 1,2,\cdots,l \quad (4-4)$$

该柔性约束同样包含两种形式：硬性形式和柔性形式。当满意度低于 μ_k^D（此时不满意度高于 υ_k^D）时，约束从硬性形式 $\sum_{i=1}^m x_{ik}D_k = b_k^D$ 转换为柔性形式。

（3）常规约束

1）供应能力约束。供应商 i 供应 k 产品的数量不能超过预计最大供应量。

$$x_{ik}D_k \leq V_{ik}, \quad i = 1,2,\cdots,m; k = 1,2,\cdots,l \quad (4-5)$$

2）非负约束。

$$x_{ik} \geq 0, \quad i = 1,2,\cdots,m; k = 1,2,\cdots,l \quad (4-6)$$

最终，资源限量为直觉三角模糊数的线性规划模型 f_1 为

$$\min Z = \sum_{k=1}^l \sum_{i=1}^m p_{ik}D_k x_{ik}$$

s. t.

$$\sum_{i=1}^m Q_{ik} x_{ik} \leq (<a_k^Q, b_k^Q, c_k^Q>; \mu_k^Q, \upsilon_k^Q), \quad k = 1,2,\cdots,l$$

$$x_{ik}D_k \leq (<a_{ik}^V, b_{ik}^V, c_{ik}^V>; \mu_{ik}^V, \upsilon_{ik}^V), \quad i = 1,2,\cdots,m; k = 1,2,\cdots,l$$

$$\sum_{i=1}^m x_{ik}D_k = (<a_k^D, b_k^D, c_k^D>; \mu_k^D, \upsilon_k^D), \quad k = 1,2,\cdots,l$$

$$x_{ik}D_k \leq V_{ik}, \quad i = 1,2,\cdots,m; k = 1,2,\cdots,l$$

$$x_{ik} \geq 0, \quad i = 1,2,\cdots,m; k = 1,2,\cdots,l$$

4.2.2 等价模型

(1) 等价约束条件

为了求解初始模型,需要先将其转化为相对应的等价模型。将 f_1 中模糊约束条件 (4-2)~约束条件 (4-4) 标准化,其中,约束条件 (4-2) 属于左极值型约束,隶属函数定义为

$$M_{\tilde{Q}_k}(y_k^Q) = \begin{cases} \mu_k^Q, & y_k^Q \leqslant b_k^Q \\ \dfrac{c_k^Q - y_k^Q}{c_k^Q - b_k^Q}\mu_k^Q, & b_k^Q < y_k^Q \leqslant c_k^Q \\ 0, & y_k^Q > c_k^Q \end{cases}$$

非隶属函数为

$$N_{\tilde{Q}_k}(y_k^Q) = \begin{cases} v_k^Q, & y_k^Q \leqslant b_k^Q \\ \dfrac{y_k^Q - b_k^Q + v_k^Q(c_k^Q - y_k^Q)}{c_k^Q - b_k^Q}, & b_k^Q < y_k^Q \leqslant c_k^Q \\ 1, & y_k^Q > c_k^Q \end{cases}$$

其隶属度图形如图 4-2 所示。

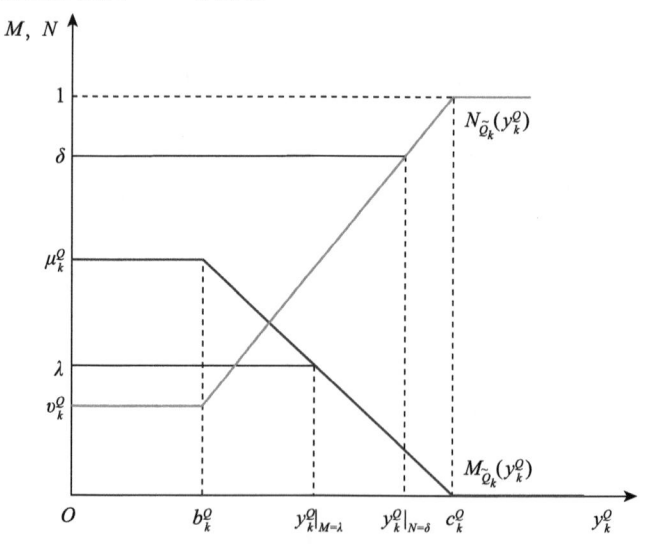

图 4-2　左极值型直觉三角模糊约束的隶属度

由图 4-2 可知，约束条件（4-2）的柔性形式可以理解为"k 产品采用分配方案 $X_k = [x_{1k}, x_{2k}, \cdots, x_{mk}]$ 时，次品率 $\sum_{i=1}^{m} Q_{ik} x_{ik}$ 小于 y_k^Q，其中 y_k^Q 位于 b_k^Q 和 c_k^Q 之间"，该形式等价于"$\sum_{i=1}^{m} Q_{ik} x_{ik}$ 的隶属度/非隶属度高于/低于 y_k^Q 和 0/1"，即

$$\sum_{i=1}^{m} Q_{ik} x_{ik} < y_k^Q < c_k^Q, b_k^Q < y_k^Q \Leftrightarrow M_{\tilde{Q}_k}(\sum_{i=1}^{m} Q_{ik} x_{ik}) > M_{\tilde{Q}_k}(y_k^Q) > 0$$

$$\sum_{i=1}^{m} Q_{ik} x_{ik} < y_k^Q < c_k^Q, b_k^Q < y_k^Q \Leftrightarrow N_{\tilde{Q}_k}(\sum_{i=1}^{m} Q_{ik} x_{ik}) < N_{\tilde{Q}_k}(y_k^Q) < 1$$

另外，给定满意度区间 $\lambda \in (0, \mu_k^Q)$，其与 $y_k^Q |_{M=\lambda} \in (b_k^Q, c_k^Q)$ 一一对应，即"次品率 $\sum_{i=1}^{m} Q_{ik} x_{ik}$ 小于 $y_k^Q |_{M=\lambda}$"，其等价于"隶属度高于满意度 λ"，即

$$\sum_{i=1}^{m} Q_{ik} x_{ik} < y_k^Q |_{M=\lambda \in (0, \mu_k^Q)} \Leftrightarrow M_{\tilde{Q}_k}(\sum_{i=1}^{m} Q_{ik} x_{ik}) > \lambda, \lambda \in (0, \mu_k^Q)$$

相似地，给定不满意度 $\delta \in (v_k^Q, 1)$，则

$$\sum_{i=1}^{m} Q_{ik} x_{ik} < y_k^Q |_{N=\delta \in (v_k^Q, 1)} \Leftrightarrow N_{\tilde{Q}_k}(\sum_{i=1}^{m} Q_{ik} x_{ik}) < \delta, \delta \in (v_k^Q, 1)$$

从函数 $M_{\tilde{Q}_k}$ 和 $N_{\tilde{Q}_k}$ 的定义可得

$$M_{\tilde{Q}_k}(\sum_{i=1}^{m} Q_{ik} x_{ik}) \geq \lambda, \lambda \in (0, \mu_k^Q) \Leftrightarrow \sum_{i=1}^{m} Q_{ik} x_{ik} +$$

$$(c_k^Q - b_k^Q) \frac{\lambda}{\mu_k^Q} \leq c_k^Q, \lambda \in (0, \mu_k^Q)$$

$$N_{\tilde{Q}_k}(\sum_{i=1}^{m} Q_{ik} x_{ik}) \leq \delta, \delta \in (v_k^Q, 1) \Leftrightarrow \sum_{i=1}^{m} Q_{ik} x_{ik} -$$

$$\frac{c_k^Q - b_k^Q}{1 - v_k^Q} \delta \leq c_k^Q - \frac{c_k^Q - b_k^Q}{1 - v_k^Q}, \delta \in (v_k^Q, 1)$$

因此，约束条件（4-2）应保证其硬性形式得到满足，即"次品率 $\sum_{i=1}^{m} Q_{ik} x_{ik}$ 不可以超过 b_k^Q"。

$$\sum_{i=1}^{m} Q_{ik} x_{ik} \leq b_k^Q$$

同时考虑上述两种形式，对 $\forall \lambda \in (0, 1]$ 和 $\delta \in [0, 1)$，约束条件（4-2）可以改写为

$$\begin{cases} \sum_{i=1}^{m} Q_{ik}x_{ik} + (c_k^Q - b_k^Q)\dfrac{\lambda}{\mu_k^Q} < c_k^Q, & 0 < \lambda < \mu_k^Q \\ \sum_{i=1}^{m} Q_{ik}x_{ik} - \dfrac{c_k^Q - b_k^Q}{1 - v_k^Q}\delta \leqslant c_k^Q - \dfrac{c_k^Q - b_k^Q}{1 - v_k^Q}, & v_k^Q < \delta < 1 \\ \sum_{i=1}^{m} Q_{ik}x_{ik} \leqslant b_k^Q, & \mu_k^Q \leqslant \lambda \leqslant 1 \text{ 或 } 0 < \delta \leqslant v_k^Q \end{cases}$$

约束条件（4-3）属于右极值型约束，隶属函数定义为

$$M_{\tilde{V}_{ik}}(y_{ik}^V) = \begin{cases} 0, & y_{ik}^V < a_{ik}^V \\ \dfrac{y_{ik}^V - a_{ik}^V}{b_{ik}^V - a_{ik}^V}\mu_{ik}^V, & a_{ik}^V \leqslant y_{ik}^V < b_{ik}^V \\ \mu_{ik}^V, & y_{ik}^V \geqslant b_{ik}^V \end{cases}$$

非隶属函数定义为

$$N_{\tilde{V}_{ik}}(y_{ik}^V) = \begin{cases} 1, & y_{ik}^V < a_{ik}^V \\ \dfrac{b_{ik}^V - y_{ik}^V + v_{ik}^V(y_{ik}^V - a_{ik}^V)}{b_{ik}^V - a_{ik}^V}, & a_{ik}^V \leqslant y_{ik}^V < b_{ik}^V \\ v_{ik}^V, & y_{ik}^V \geqslant b_{ik}^V \end{cases}$$

供应商 i 供应 k 产品的实际最大供应量小于其下限 a_{ik}^V 的隶属度为 0，小于其上限 c_{ik}^V 的隶属度为 1。如前文所述，企业在制定订货策略时所参考的数值为预计最大供应量 b_{ik}^V（$b_{ik}^V \leqslant c_{ik}^V$），不会考虑超出部分，因此 c_{ik}^V 和 b_{ik}^V 在模型中具有相同的约束效果。此时，实际最大供应量越大，订货量越容易被满足，造成的约束性越小；反之，实际最大供应量越小，越容易发生缺货，约束越难以满足。

因此，对企业而言，实际供应量越小，满意度越低，隶属度越低。缺货风险约束应以缺货率来表示，当实际最大供应量大于或等于 b_{ik}^V 时，不会造成缺货，最大缺货率为 0，记为 b_k^U；实际最大供应量小于 b_{ik}^V 时，存在缺货风险，当实际最大供应量为 a_{ik}^V 时，最大缺货率为 $(b_{ik}^V - a_{ik}^V)/b_{ik}^V$，记为 c_k^U。约束条件（4-3）转换为

$$\sum_{i=1}^{m} U_{ik}x_{ik} \leqslant (\langle a_k^U, b_k^U, c_k^U \rangle; \mu_k^U, v_k^U), \quad k = 1, 2, \cdots, l \quad (4-7)$$

此时，右极值型约束转换为左极值型约束，其可以进一步进行类似于约束

条件（4-2）的转换。

用约束条件（4-7）替换约束条件（4-3）后组成新规划模型 f_1'：

$$\min Z = \sum_{k=1}^{l} \sum_{i=1}^{m} p_{ik} D_k x_{ik}$$

s. t.

$$\sum_{i=1}^{m} Q_{ik} x_{ik} \leqslant (<a_k^Q, b_k^Q, c_k^Q>; \mu_k^Q, \upsilon_k^Q), \quad k=1,2,\cdots,l$$

$$\sum_{i=1}^{m} U_{ik} x_{ik} \leqslant (<a_k^U, b_k^U, c_k^U>; \mu_k^U, \upsilon_k^U), \quad k=1,2,\cdots,l$$

$$\sum_{i=1}^{m} x_{ik} D_k = (<a_k^D, b_k^D, c_k^D>; \mu_k^D, \upsilon_k^D), \quad k=1,2,\cdots,l$$

$$x_{ik} D_k \leqslant V_{ik}, \quad i=1,2,\cdots,m; k=1,2,\cdots,l$$

$$x_{ik} \geqslant 0, \quad i=1,2,\cdots,m; k=1,2,\cdots,l$$

约束条件（4-4）属于居中型约束，隶属函数定义为

$$M_{\tilde{D}_k}(y_k^D) = \begin{cases} 0, & y_k^D < a_k^D \\ \dfrac{y_k^D - a_k^D}{b_k^D - a_k^D} \mu_k^D, & a_k^D \leqslant y_k^D < b_k^D \\ \mu_k^D, & y_k^D = b_k^D \\ \dfrac{c_k^D - y_k^D}{c_k^D - b_k^D} \mu_k^D, & b_k^D < y_k^D \leqslant c_k^D \\ 0, & y_k^D > c_k^D \end{cases}$$

非隶属函数为

$$N_{\tilde{D}_k}(y_k^D) = \begin{cases} 1, & y_k^D < a_k^D \\ \dfrac{b_k^D - y_k^D + \upsilon_k^D(y_k^D - a_k^D)}{b_k^D - a_k^D}, & a_k^D \leqslant y_k^D < b_k^D \\ \upsilon_k^D, & y_k^D = b_k^D \\ \dfrac{y_k^D - b_k^D + \upsilon_k^D(c_k^D - y_k^D)}{c_k^D - b_k^D}, & b_k^D < y_k^D \leqslant c_k^D \\ 1, & y_k^D > c_k^D \end{cases}$$

其隶属度图形如图 4-3 所示。

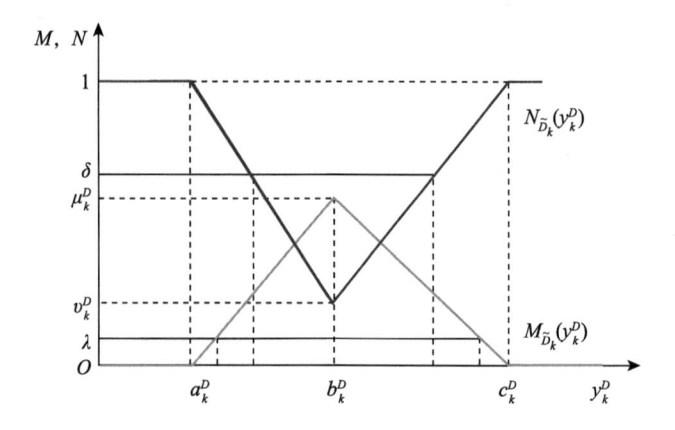

图 4-3　居中型直觉三角模糊约束的隶属度

由图 4-3 可知，类似于约束条件（4-2），约束条件（4-4）可以转换为

$$\begin{cases} M_{\tilde{D}_k}(\sum_{i=1}^{m} x_{ik}D_k) > \lambda, & \lambda \in (0, \mu_k^D) \\ N_{\tilde{D}_k}(\sum_{i=1}^{m} x_{ik}D_k) < \delta, & \delta \in (v_k^D, 1) \\ \sum_{i=1}^{m} x_{ik}D_k = b_k^D, & \lambda \in [\mu_k^D, 1] \text{ 或 } \delta \in (0, v_k^D] \end{cases}$$

其等价于

$$\begin{cases} \sum_{i=1}^{m} x_{ik}D_k + (c_k^D - b_k^D)\dfrac{\lambda}{\mu_k^D} \leq c_k^D, & 0 < \lambda < \mu_k^D \\ \sum_{i=1}^{m} x_{ik}D_k - (b_k^D - a_k^D)\dfrac{\lambda}{\mu_k^D} \geq a_k^D, & 0 < \lambda < \mu_k^D \\ \sum_{i=1}^{m} x_{ik}D_k + \dfrac{b_k^D - a_k^D}{1 - v_k^D}\delta \geq a_k^D + \dfrac{b_k^D - a_k^D}{1 - v_k^D}, & v_k^D < \delta < 1 \\ \sum_{i=1}^{m} x_{ik}D_k - \dfrac{c_k^D - b_k^D}{1 - v_k^D}\delta \leq c_k^D - \dfrac{c_k^D - b_k^D}{1 - v_k^D}, & v_k^D < \delta < 1 \\ \sum_{i=1}^{m} x_{ik}D_k = b_k^D, & \mu_k^D \leq \lambda \leq 1 \text{ 或 } 0 < \delta \leq v_k^D \end{cases}$$

(2) 等价目标函数

约束条件（4-2）、约束条件（4-7）、约束条件（4-4）为直觉三角模糊数，为了得到该模型的全局最优解，先将其改写为普通约束：

$$\begin{cases} \sum_{i=1}^{m} Q_{ik}x_{ik} \leq b_k^Q, & k=1,2,\cdots,l \\ \sum_{i=1}^{m} U_{ik}x_{ik} \leq b_k^U, & k=1,2,\cdots,l \\ \sum_{i=1}^{m} x_{ik}D_k = b_k^D, & k=1,2,\cdots,l \end{cases}$$

设规划 f_2 的最优解为 Z_0，那么，Z_0 属于最优解的隶属度为 $\mu_{Z_0} \in [\mu_{\min}, 1-\upsilon_{\max}]$，其中 $\mu_{\min} = \min\{\mu_k^Q, \mu_k^U, \mu_k^D\}$，$\upsilon_{\max} = \max\{\upsilon_k^Q, \upsilon_k^U, \upsilon_k^D\}$。

再将原约束条件（4-2）、约束条件（4-7）、约束条件（4-4）改写为普通约束：

$$\begin{cases} \sum_{i=1}^{m} Q_{ik}x_{ik} \leq c_k^Q, & k=1,2,\cdots,l \\ \sum_{i=1}^{m} U_{ik}x_{ik} \leq c_k^U, & k=1,2,\cdots,l \\ \sum_{i=1}^{m} x_{ik}D_k \geq a_k^D, & k=1,2,\cdots,l \\ \sum_{i=1}^{m} x_{ik}D_k \leq c_k^D, & k=1,2,\cdots,l \end{cases}$$

用该普通约束替换约束条件（4-2）~约束条件（4-4）形成新规划 f_3，设规划 f_3 的最优解为 Z_1；一般来说，应有 $Z_1 < Z_0$，则 $Z_0 - Z_1 > 0$。

将目标函数模糊化，其隶属函数定义为

$$M_{\tilde{Z}^*}(Z^*) = \begin{cases} 1, & Z^* \leq Z_1^* \\ \dfrac{Z_0^* - Z^*}{Z_0^* - Z_1^*}, & Z_1^* < Z^* \leq Z_0^* \\ 0, & Z^* > Z_0^* \end{cases}$$

非隶属函数定义为

$$N_{\tilde{Z}^*}(Z^*) = \begin{cases} 0, & Z^* \leq Z_1^* \\ \dfrac{Z^* - Z_0^*}{Z_0^* - Z_1^*}, & Z_1^* < Z^* \leq Z_0^* \\ 1, & Z^* > Z_0^* \end{cases}$$

其隶属度图形如图 4-4 所示。

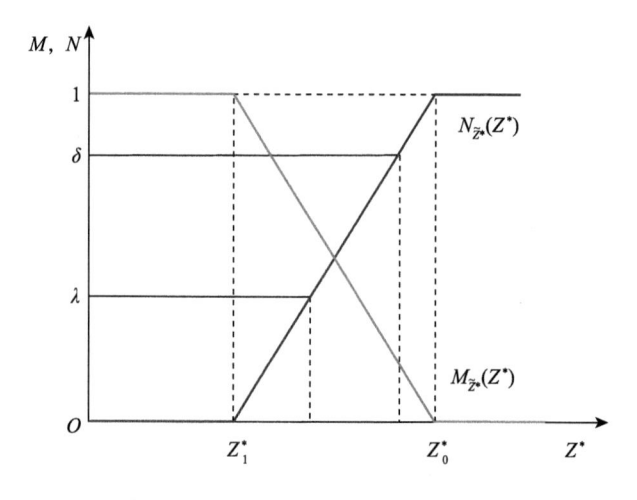

图 4-4 目标函数的隶属度

要使模糊约束条件尽可能满足且目标函数尽可能达到最优，则原规划模型转化为下述模型 f_4：

max λ

min δ

s.t.

$$\begin{cases} \sum_{k=1}^{l}\sum_{i=1}^{m} p_{ik}D_k x_{ik} + (Z_0 - Z_1)\lambda \leq Z_0 \\ \sum_{k=1}^{l}\sum_{i=1}^{m} p_{ik}D_k x_{ik} - (Z_0 - Z_1)\delta \leq Z_1 \end{cases}$$

$$\begin{cases} \sum_{i=1}^{m} Q_{ik}x_{ik} + (c_k^Q - b_k^Q)\dfrac{\lambda}{\mu_k^Q} < c_k^Q, & 0 < \lambda < \mu_k^Q, \quad k = 1,2,\cdots,l \\ \sum_{i=1}^{m} Q_{ik}x_{ik} - \dfrac{c_k^Q - b_k^Q}{1 - v_k^Q}\delta \leq c_k^Q - \dfrac{c_k^Q - b_k^Q}{1 - v_k^Q}, & v_k^Q < \delta < 1, \quad k = 1,2,\cdots,l \\ \sum_{i=1}^{m} Q_{ik}x_{ik} \leq b_k^Q, & \mu_k^Q \leq \lambda \leq 1 \text{ 或 } 0 < \delta \leq v_k^Q, \quad k = 1,2,\cdots,l \end{cases}$$

$$\begin{cases} \sum_{i=1}^{m} U_{ik}x_{ik} + (c_k^U - b_k^U)\dfrac{\lambda}{\mu_k^U} < c_k^U, & 0 < \lambda < \mu_k^U, \quad k = 1,2,\cdots,l \\ \sum_{i=1}^{m} U_{ik}x_{ik} - \dfrac{c_k^U - b_k^U}{1 - v_k^U}\delta \leq c_k^U - \dfrac{c_k^U - b_k^U}{1 - v_k^U}, & v_k^U < \delta < 1, \quad k = 1,2,\cdots,l \\ \sum_{i=1}^{m} U_{ik}x_{ik} \leq b_k^U, & \mu_k^U \leq \lambda \leq 1 \text{ 或 } 0 < \delta \leq v_k^U, \quad k = 1,2,\cdots,l \end{cases}$$

$$\begin{cases} \sum_{i=1}^{m} x_{ik}D_k + (c_k^D - b_k^D)\dfrac{\lambda}{\mu_k^D} \leq c_k^D, & 0 < \lambda < \mu_k^D, \quad k = 1,2,\cdots,l \\ \sum_{i=1}^{m} x_{ik}D_k - (b_k^D - a_k^D)\dfrac{\lambda}{\mu_k^D} \geq a_k^D, & 0 < \lambda < \mu_k^D, \quad k = 1,2,\cdots,l \\ \sum_{i=1}^{m} x_{ik}D_k + \dfrac{b_k^D - a_k^D}{1 - v_k^D}\delta \geq a_k^D + \dfrac{b_k^D - a_k^D}{1 - v_k^D}, & v_k^D < \delta < 1, \quad k = 1,2,\cdots,l \\ \sum_{i=1}^{m} x_{ik}D_k - \dfrac{c_k^D - b_k^D}{1 - v_k^D}\delta \leq c_k^D - \dfrac{c_k^D - b_k^D}{1 - v_k^D}, & v_k^D < \delta < 1, \quad k = 1,2,\cdots,l \\ \sum_{i=1}^{m} x_{ik}D_k = b_k^D, & \mu_k^D \leq \lambda \leq 1 \text{ 或 } 0 < \delta \leq v_k^D, \quad k = 1,2,\cdots,l \end{cases}$$

$$x_{ik}D_k \leq V_{ik}, \quad i = 1,2,\cdots,m; \ k = 1,2,\cdots,l$$

$$x_{ik} \geq 0, \quad i = 1,2,\cdots,m; \ k = 1,2,\cdots,l$$

$$\lambda, \delta \geq 0$$

$$\lambda + \delta \leq 1$$

因此，该直觉三角模糊规划模型化为一个多目标线性规划模型。

分别以 max λ 和 min δ 作为目标函数，在上述约束条件下，形成普通线性

规划 f_5 和 f_6，分别得到：规划 f_5 的最优解 Z_2，此时 $\delta = Z_3$；规划 f_6 的最优解 Z_4，此时 $\lambda = Z_5$。

同时考虑两个目标，合理的方案是使 $\lambda \in [Z_5, Z_2]$，$\delta \in [Z_4, Z_3]$。取伸缩指标 $Z_2 - Z_5$、$Z_3 - Z_4$，目标 λ 和 δ 标准化后的隶属函数分别如图 4-5 和图 4-6 所示。

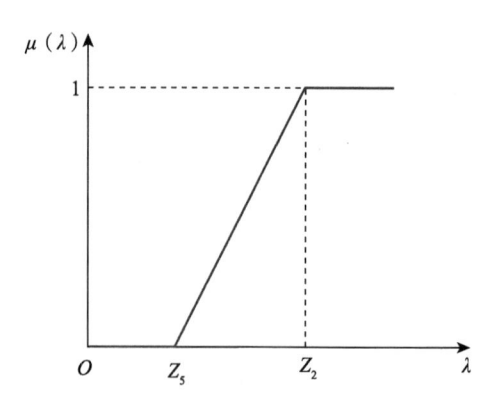

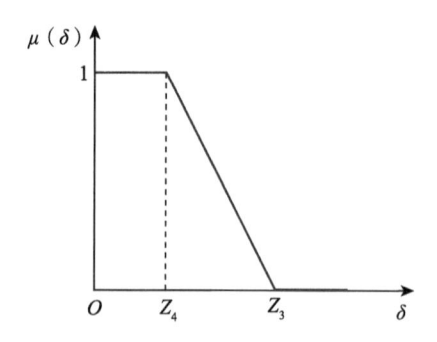

图 4-5 目标 λ 的隶属函数

图 4-6 目标 δ 的隶属函数

4.3 算例分析

A 企业是一家生产电子产品的企业，拟订购两种集成电路，5 家电子厂（a_1、a_2、a_3、a_4、a_5）初步符合条件留待进一步筛选采购。以月为计划生产周期，对两种集成电路（产品1和产品2）的需求标准及隶属度见表4-2。每家电子厂的供应能力是有限的，此处取成本为目标函数，次品率、缺货率、需求约束为模糊约束条件。各电子厂供应两种产品的参数分别见表4-3、表4-4。

表4-2 企业对两种产品的需求情况

产品	次品率 $\tilde{Q}$/‰	缺货率 $\tilde{U}$/‰	需求范围 $\tilde{D}$	总需求量/套
1	$(<-\infty, 5.0, 6.5>;$ 0.90, 0.05)	$(<-\infty, 2.0, 2.5>;$ 0.88, 0.07)	$<0.97, 1.00, 1.02>;$ 0.92, 0.03)	7000
2	$(<-\infty, 3.5, 4.5>;$ 0.85, 0.10)	$(<-\infty, 3.0, 4.0>;$ 0.92, 0.03)	$<0.96, 1.00, 1.03>;$ 0.90, 0.05)	5000

表4-3 第1种产品的数据

供应商	次品率 Q/‰	缺货率 U/‰	价格/（元/套）	最大供应量/套
a_1	6.2	2.7	3050	6000
a_2	4.6	1.5	3700	5000
a_3	5.7	1.6	3300	7000
a_4	5.4	2.9	3250	9000
a_5	4.7	2.0	3500	7000

表4-4 第2种产品的数据

供应商	次品率 Q/‰	缺货率 U/‰	价格/（元/套）	最大供应量/套
a_1	2.7	3.2	5200	9000
a_2	2.6	2.7	5000	5000
a_3	4.5	4.2	4700	6000
a_4	5.2	4.0	4600	7000
a_5	5.0	4.2	4300	8000

模型含有4个模糊约束条件，使用MATLAB求解，得到订购两种产品的数量（见表4-5）。

表4-5 订购两种产品的数量

约束形式	第1种产品/套					第2种产品/套				
	a_1	a_2	a_3	a_4	a_5	a_1	a_2	a_3	a_4	a_5
硬性约束	646	0	1131	0	5223	0	4000	0	0	1000
柔性约束	3664	0	1950	0	1286	0	2155	0	0	2752

经过规划求解，采用传统硬性约束的最小成本为 4828.31 万元，而采用本章柔性约束相应为 4472.04 万元，减少成本 356.27 万元，占比 7.38%。此时，企业获得的产品绩效见表 4-6。

表 4-6　企业所选用两种产品的最终绩效

产品	次品率 $\tilde{Q}$/‰	缺货率 $\tilde{U}$/‰	总订购量/套
1	5.70	2.23	6930
2	3.93	3.48	4900

即两种产品的次品率分别升高 0.70‰、0.43‰，缺货率分别升高 0.23‰、0.48‰，总需求分别减少 1%、2%，则总成本将减少 7.38%，此为该企业的最佳选择。

可见，相较于传统硬性约束，本章柔性约束具有以下优势。

(1) 企业只需给出可接受标准的范围，规划模型自动找到范围内各标准值尽可能更优而总成本尽量最低的订单分配方案，达到总效用最大，体现在硬性约束方面，即在微量放宽次品率等标准后，较大幅度地减少了总成本，提高了总效用。传统硬性约束若要使标准符合最大效用，需要企业非常恰当地给出使总效用最高的次品率、缺货率等标准值，以使这些标准约束带来总效用最高的分配比例，这在现实中很难实现。柔性约束有效地弥补了这一缺陷。

(2) 相较于多目标规划，本章所提方法包含的隶属度部分区分了企业对于所给出标准的确定程度，以使得不同确定程度的标准被区别对待。本章所提方法包含的非隶属度部分起到了限制准则优化程度的作用，以避免对某些准则的过度追求。

(3) 存在两种或两种以上产品时，若需求可调节，会自动分配更多订单到效用更高的产品上。当两种产品互相具有可替代性时，只需要设置更宽松的需求范围，柔性模型将自动为效用更容易达到较高水平的产品分配更多订单，并自动减少对应产品的总订单，实现一种产品部分甚至全部替代另一种产品的效果。

4.4 讨论分析

4.4.1 企业标准对订单分配的影响

以第1种产品的次品率为例，首先，分析企业对次品率的接受标准改变时，订单分配的变化情况。企业现有的接受标准为（5.0，5.0，6.5），即低于5.0‰为满意，标准可放松至6.5‰。采用传统硬性约束和采用本章柔性约束的订单变化比例如图4-7所示。

图4-7中，横轴为次品率，纵轴为分配到的订单比例相较于最初订单比例的变化量。其中，图4-7（a）为次品率标准值从4.7‰逐渐上升为6.5‰时硬性约束模型的订单变化比例；图4-7（b）为次品率标准值从4.7‰逐渐上升为6.5‰，且柔性标准保持为6.5‰时的订单变化比例；图4-7（c）为次品率标准值从4.9‰逐渐上升为7.6‰，且柔性标准相应从6.4‰上升为9.1‰时的订单变化比例；图4-7（d）为次品率硬性约束保持不变而柔性标准从5.0‰上升到9.5‰时的订单变化比例。

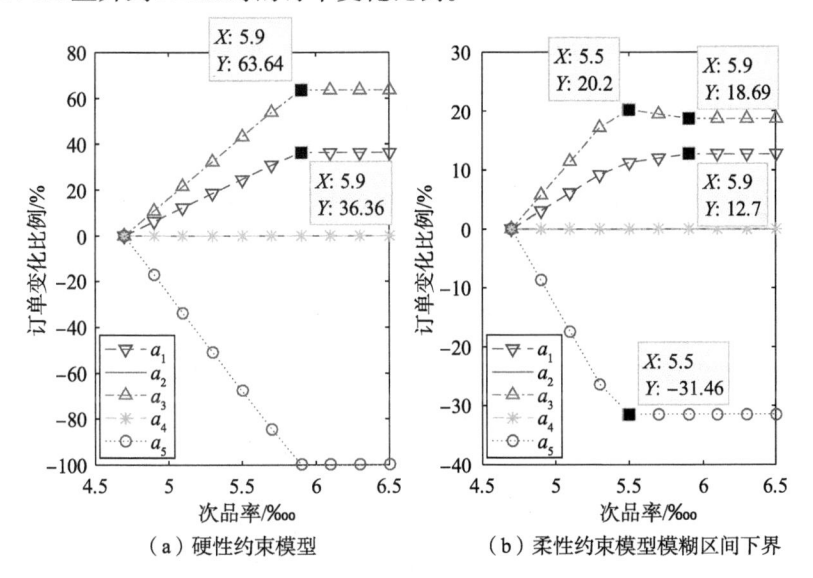

（a）硬性约束模型　　　（b）柔性约束模型模糊区间下界

图4-7　产品1的订单变化比例

(c) 柔性约束模型模糊区间下界　　　(d) 柔性约束模型模糊区间上界

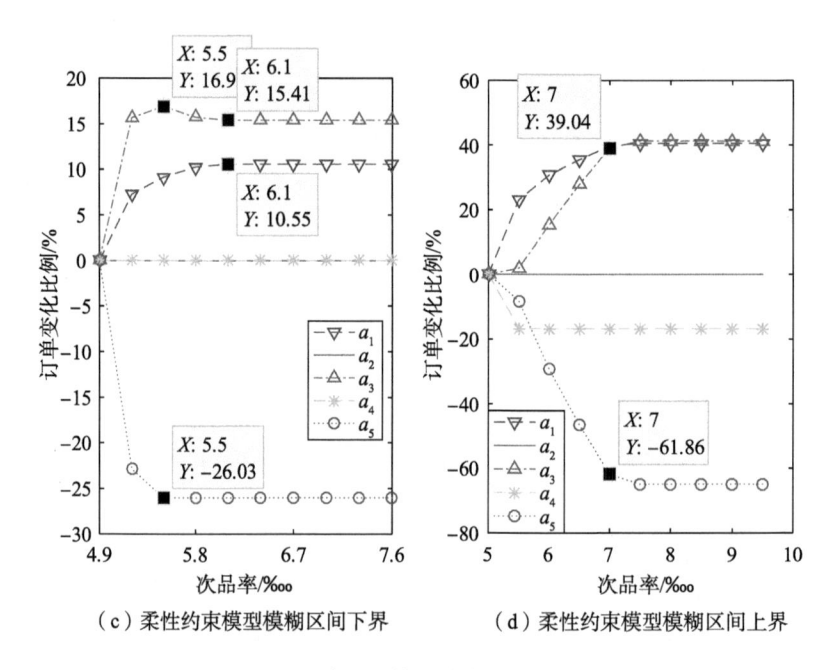

图 4-7　产品 1 的订单变化比例（续）

可以看到，随着次品率的升高，传统硬性约束的订单比例变化幅度更大。因此，可以得到柔性约束的优势：柔性约束可以有效处理一定范围的不合理或失真标准。与本章柔性约束相比，传统硬性约束对单一准则的依赖性更高，对参数更敏感。正如上一节所分析，企业很难给出总效用最高的各个标准值，而标准中微小的误差便会造成订单分配比例大幅度改变。本章柔性约束则较好地处理了这一问题，大幅度减少了成本、增加了总效用。此外，若企业根据发展需要决定逐渐提高产品标准，采用柔性约束的订单分配比例变化更为平缓，较易为供应商所接受（见表 4-7、表 4-8）。

表 4-7　硬性约束模型中供应商 a_1 的订单比例

次品率接受标准/‰	供应商 a_1 的订单比例/%
4.9	6.15
5.1	12.31
5.3	18.46
5.5	24.62
5.7	30.77
5.9	36.36

续表

次品率接受标准/‰	供应商 a_1 的订单比例/%
6.1	36.36
6.3	36.36
6.5	36.36

表4-8　柔性约束模型中供应商 a_1 的订单比例

次品率接受标准/‰	供应商 a_1 的订单比例/%
$<-\infty, 4.9, 6.5>$	50.82
$<-\infty, 5.1, 6.5>$	53.89
$<-\infty, 5.3, 6.5>$	56.97
$<-\infty, 5.5, 6.5>$	59.04
$<-\infty, 5.7, 6.5>$	59.76
$<-\infty, 5.9, 6.5>$	60.47
$<-\infty, 6.1, 6.5>$	60.47
$<-\infty, 6.3, 6.5>$	60.47
$<-\infty, 6.5, 6.5>$	60.47

图4-7（c）中柔性约束情况下的订单比例变化量依然显著低于硬性约束的订单比例变化量，说明柔性约束模型具有较好的容错能力和弹性，能够更稳定地保持在最大效用处。

图4-7（d）和表4-9中，柔性约束明显地随着约束的放松而更加优化，标准从5.0‰上升到9.5‰或更高时，价格较高的供应商分配到的订单比例明显减少，但当减少到一定范围时分配比例逐渐稳定，说明：柔性约束模型较稳定，分配结果的变化范围有界，并不会因为企业给出的范围较大而导致订单分配结果无限变化。

表4-9　柔性约束模型中供应商 a_1 的订单比例

次品率接受标准/‰	供应商 a_1 的订单比例/%
$<-\infty, 5.0, 5.0>$	16.89
$<-\infty, 5.0, 5.5>$	39.90
$<-\infty, 5.0, 6.0>$	47.57
$<-\infty, 5.0, 6.5>$	52.35
$<-\infty, 5.0, 7.0>$	56.58
$<-\infty, 5.0, 7.5>$	57.42
$<-\infty, 5.0, 8.0>$	57.42
$<-\infty, 5.0, 8.5>$	57.42
$<-\infty, 5.0, 9.0>$	57.42

进一步地，我们分析隶属度部分的变化对订单分配的影响，以次品率为例，显然硬性约束将不受影响，柔性约束的影响也较小，再次体现了模型较好的容错性（见图 4-8）。

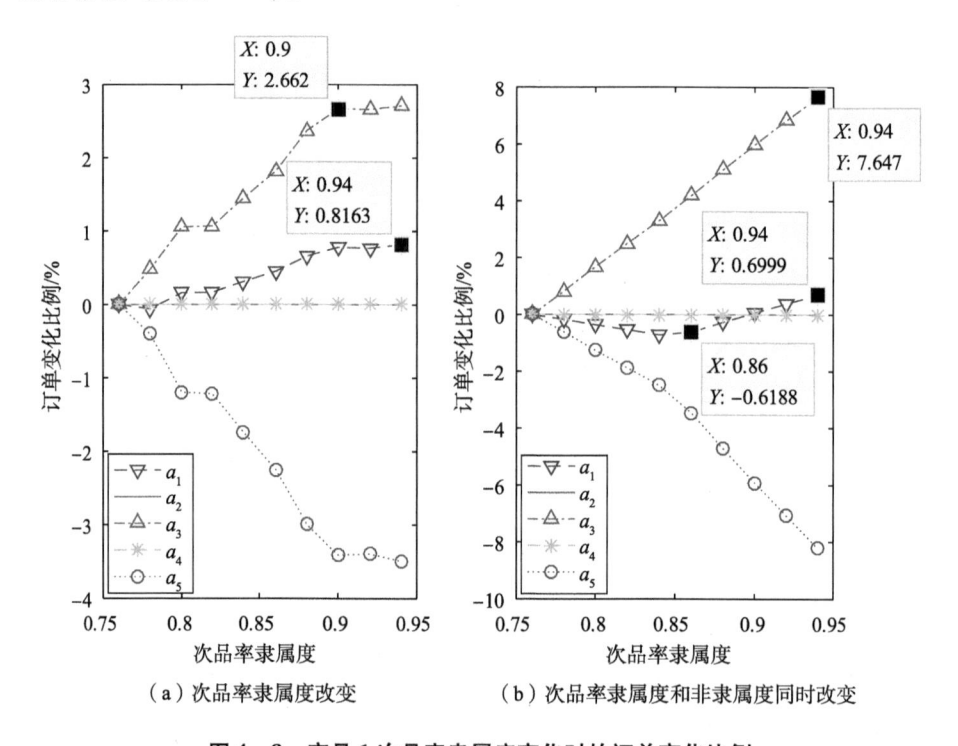

(a) 次品率隶属度改变

(b) 次品率隶属度和非隶属度同时改变

图 4-8 产品 1 次品率隶属度变化时的订单变化比例

上述情况并非特例，而是普遍存在于模型中，下面给出第 2 种产品的相应情况。企业目前对第 2 种产品的标准为 (3.5, 3.5, 4.5)，即次品率的硬性标准低于 3.5‰为满意，可放松至 4.5‰。采用传统硬性约束和采用本章柔性约束的订单分配比例如图 4-9 所示。其中，图 4-9（a）为次品率标准值从 2.6‰逐渐靠近为 4.5‰时的订单变化比例；图 4-9（b）为次品率标准值从 2.6‰逐渐靠近为 4.5‰，且柔性标准保持为 4.5‰时的订单变化比例；图 4-9（c）为次品率标准值从 2.7‰逐渐靠近为 4.5‰，且柔性标准相应从 3.7‰上升为 5.5‰时的订单变化比例；图 4-9（d）为次品率硬性约束保持为 3.5‰，而柔性标准相应从 3.6‰上升为 5.0‰时的订单变化比例。相较于硬性约束，柔性约束下的订单分配具有相同的趋势，但变化幅度较小，具有稳定性。

（a）硬性约束模型

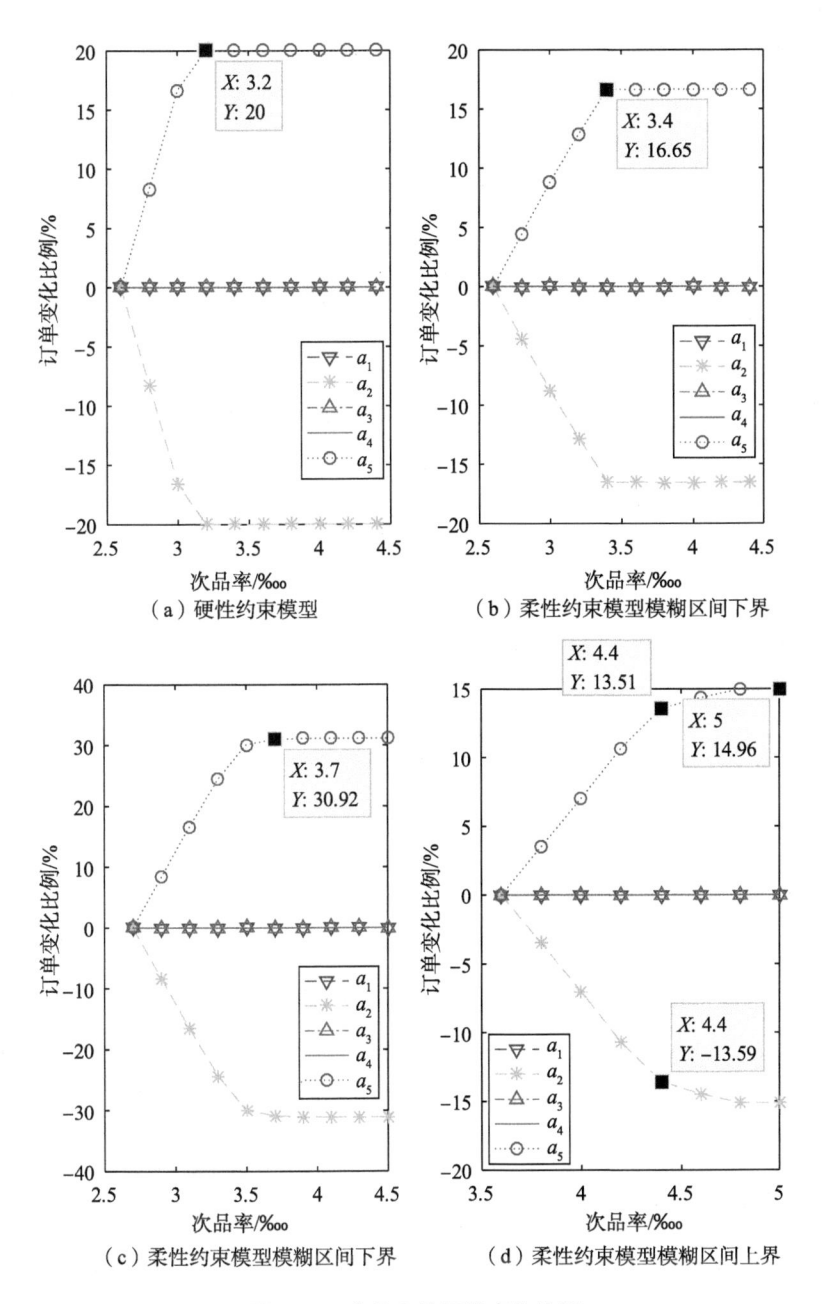

（b）柔性约束模型模糊区间下界

（c）柔性约束模型模糊区间下界

（d）柔性约束模型模糊区间上界

图 4-9　产品 2 的订单变化比例

可见，传统硬性约束和本章柔性约束下，供应商 a_2 分配到的订单比例逐渐减少，而供应商 a_5 分配到的订单比例相应增加了，相较于硬性约束，柔性约束变化率较小，最终变化幅度也较小。

产品 2 次品率隶属度的变化对订单分配的影响也较小，同样体现了柔性约束模型较好的容错性（见图 4-10）。

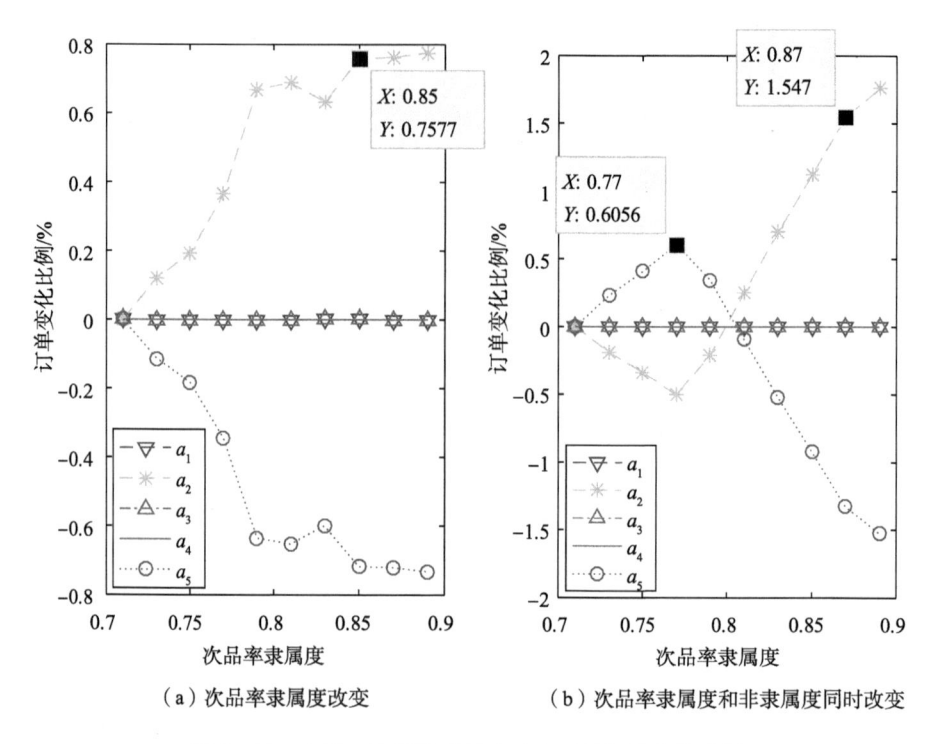

(a) 次品率隶属度改变

(b) 次品率隶属度和非隶属度同时改变

图 4-10　产品 2 次品率隶属度改变时的订单变化比例

随着企业发展，对次品率、缺货率等标准的需求常常会同时提高或降低，若次品率企业接受标准从 4.7‰ 逐渐上升为 5.6‰，且柔性标准相应从 6.2‰ 上升为 7.1‰，同时，缺货率企业接受标准从 1.8‰ 逐渐上升为 2.7‰，且柔性标准相应从 2.3‰ 上升为 3.2‰，各供应商的订单分配比例呈现相似的特性。

图 4-11、图 4-12 分别为该状态下供应商 a_1 和 a_3 的订单比例。标准的放松使得价格较低的供应商分配到的订单比例增加，各供应商的订单比例变化图清晰地反映了次品率、缺货率标准的降低对订单比例的影响，可以看到，随着次品率、缺货率标准的线性降低，订单比例的变化呈现出一定的有界性，即成本不会线性降低，而本章柔性约束方法可以恰当地将标准和成本保持在最优化的状态。

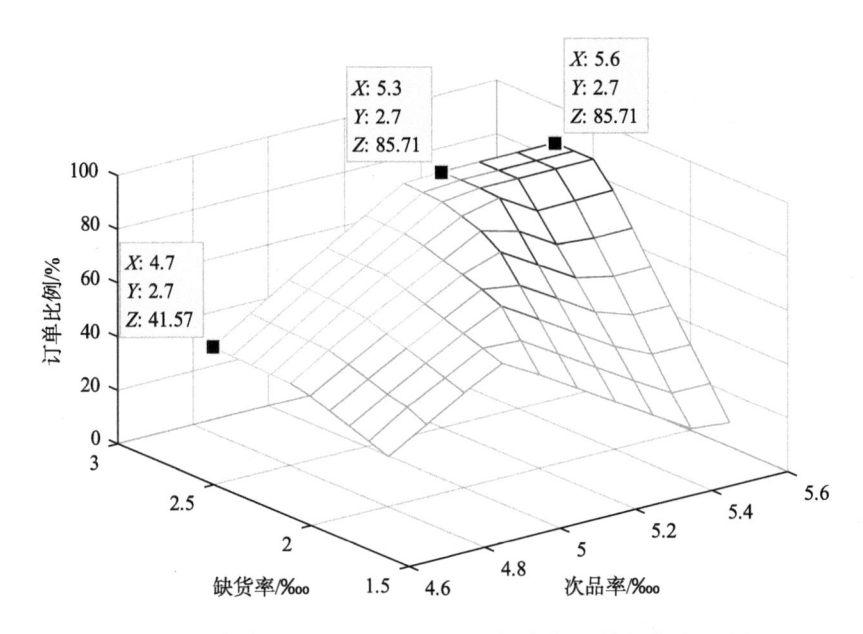

图 4-11 次品率、缺货率同时变化时供应商 a_1 的订单分配比例

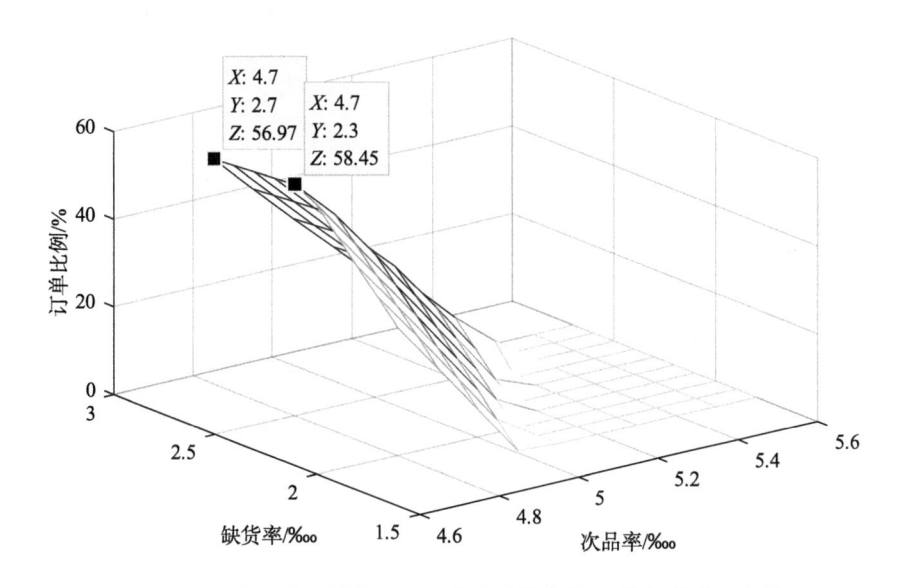

图 4-12 次品率、缺货率同时变化时供应商 a_3 的订单分配比例

类似于单一次品率隶属度改变的影响，次品率、缺货率的隶属度同时变化时，其依然保持了稳定的特性，显然影响约束的订单分配情况不会受隶属度改变的影响。

图 4-13～图 4-15 分别是次品率、缺货率隶属度同时变化时柔性约束下供应商 a_1、供应商 a_3、供应商 a_5 订单分配比例的变化情况。

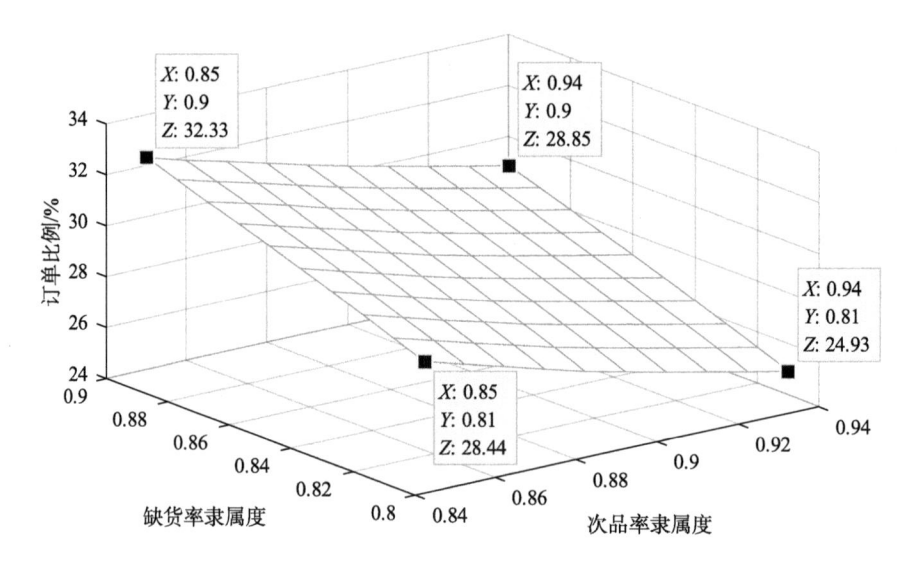

图 4-13　次品率、缺货率隶属度同时变化时供应商 a_1 的订单比例

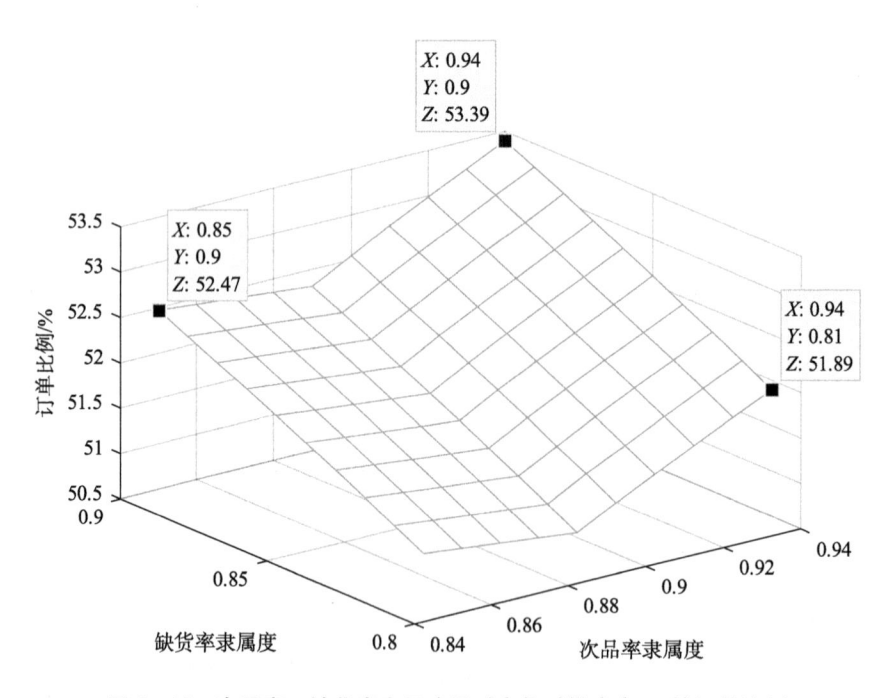

图 4-14　次品率、缺货率隶属度同时变化时供应商 a_3 的订单比例

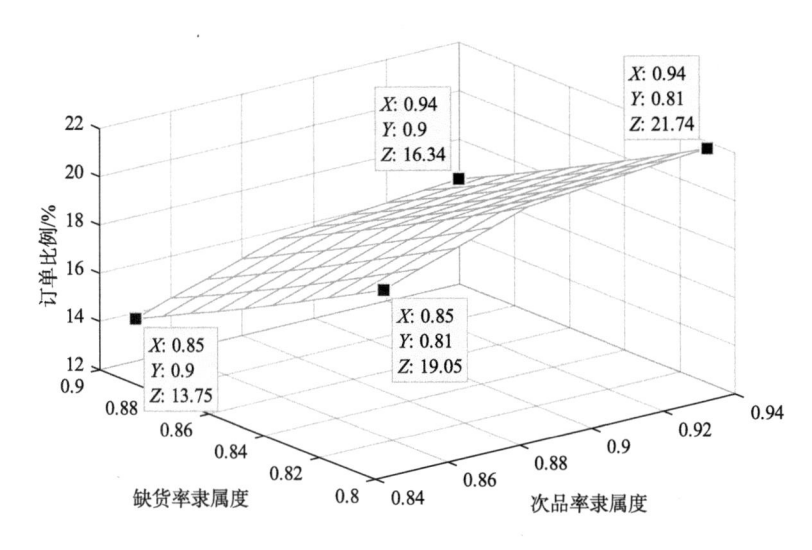

图 4-15 次品率、缺货率隶属度同时变化时供应商 a_5 的订单比例

4.4.2 供应商绩效对订单分配的影响

产品 1 供应商 a_1 的次品率由 5.7‰ 上升至 7.5‰ 的过程中，各个供应商分配到的订单比例如图 4-16 所示。

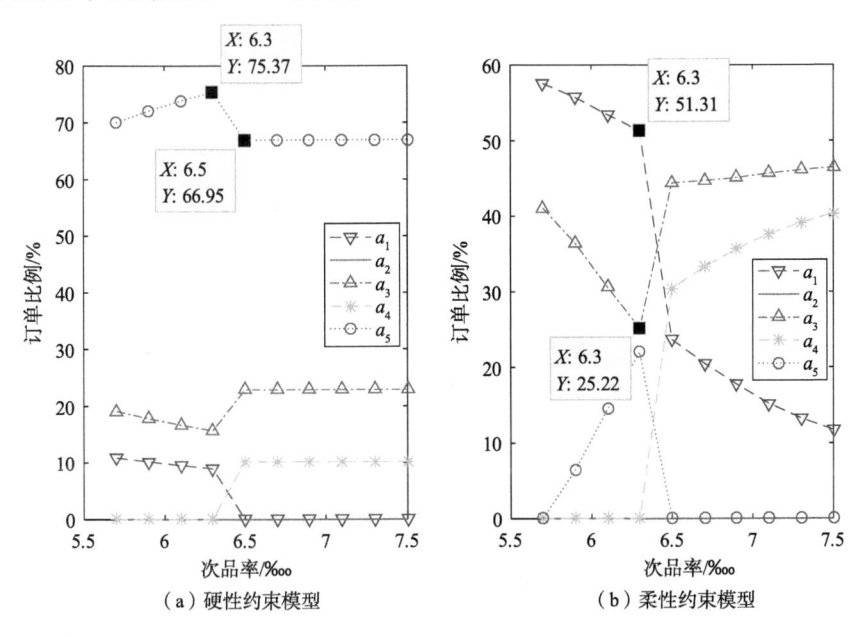

（a）硬性约束模型　　　　　（b）柔性约束模型

图 4-16 产品 1 供应商 a_1 次品率改变时各供应商的订单比例

柔性约束对单一供应商的绩效保持了良好的包容性。相较于硬性约束，柔性约束更不容易因为某一供应商的绩效失真而带来整体订单分配的不合理。在现实中，尤其是供应商较多时，所有供应商均提供正确且精确的绩效情况有时很难达到，因此在供应商较多的大规模订单分配问题中，柔性约束具有明显的优势。

供应商 a_3 的次品率由 5‰ 上升至 6.9‰ 时，各个供应商分配到的订单比例再次印证了这一情况（见图 4-17）。

（a）硬性约束模型

（b）柔性约束模型

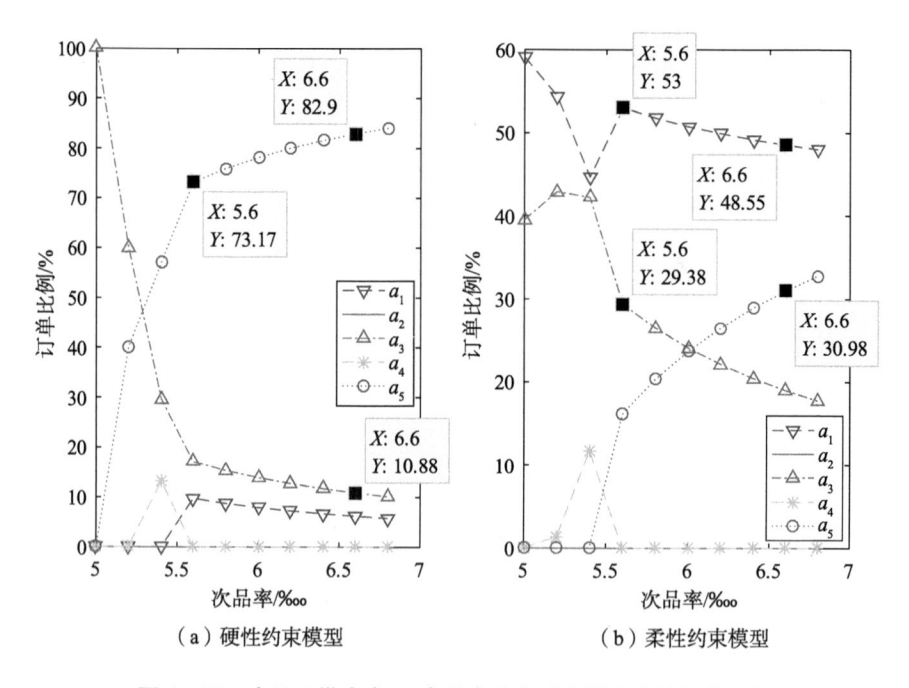

图 4-17　产品 1 供应商 a_3 次品率改变时各供应商的订单比例

根据以上分析，进一步考虑同时有两个供应商的绩效发生变化时，订单分配会被如何影响。例如，产品 1 供应商 a_1 的次品率由 4‰ 上升至 5.9‰，同时供应商 a_3 的次品率由 2.1‰ 上升至 4‰，供应商 a_1 分配到的订单比例如图 4-18 所示。

(a) 硬性约束模型

(b) 柔性约束模型

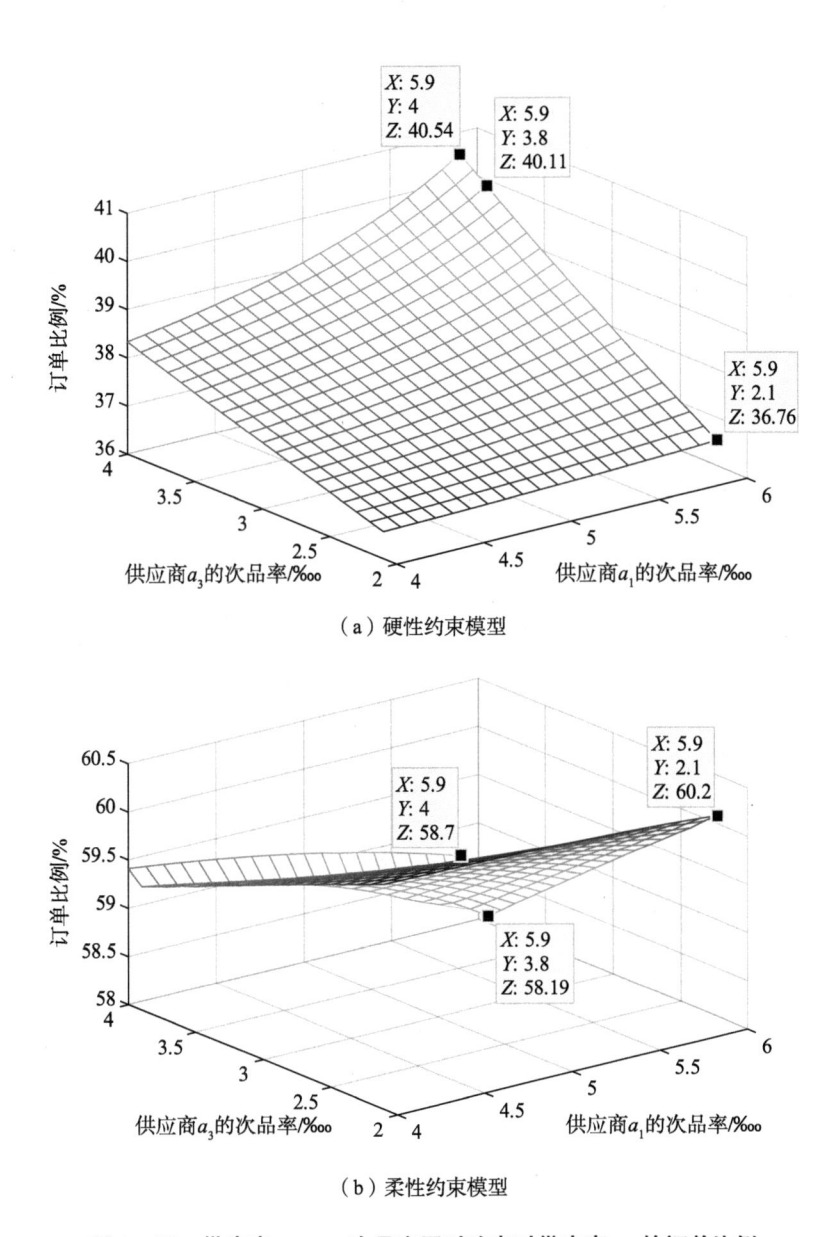

图 4-18　供应商 a_1、a_3 次品率同时改变时供应商 a_1 的订单比例

此时，相应地，供应商 a_3 分配到的订单比例如图 4-19 所示。

（a）硬性约束模型

（b）柔性约束模型

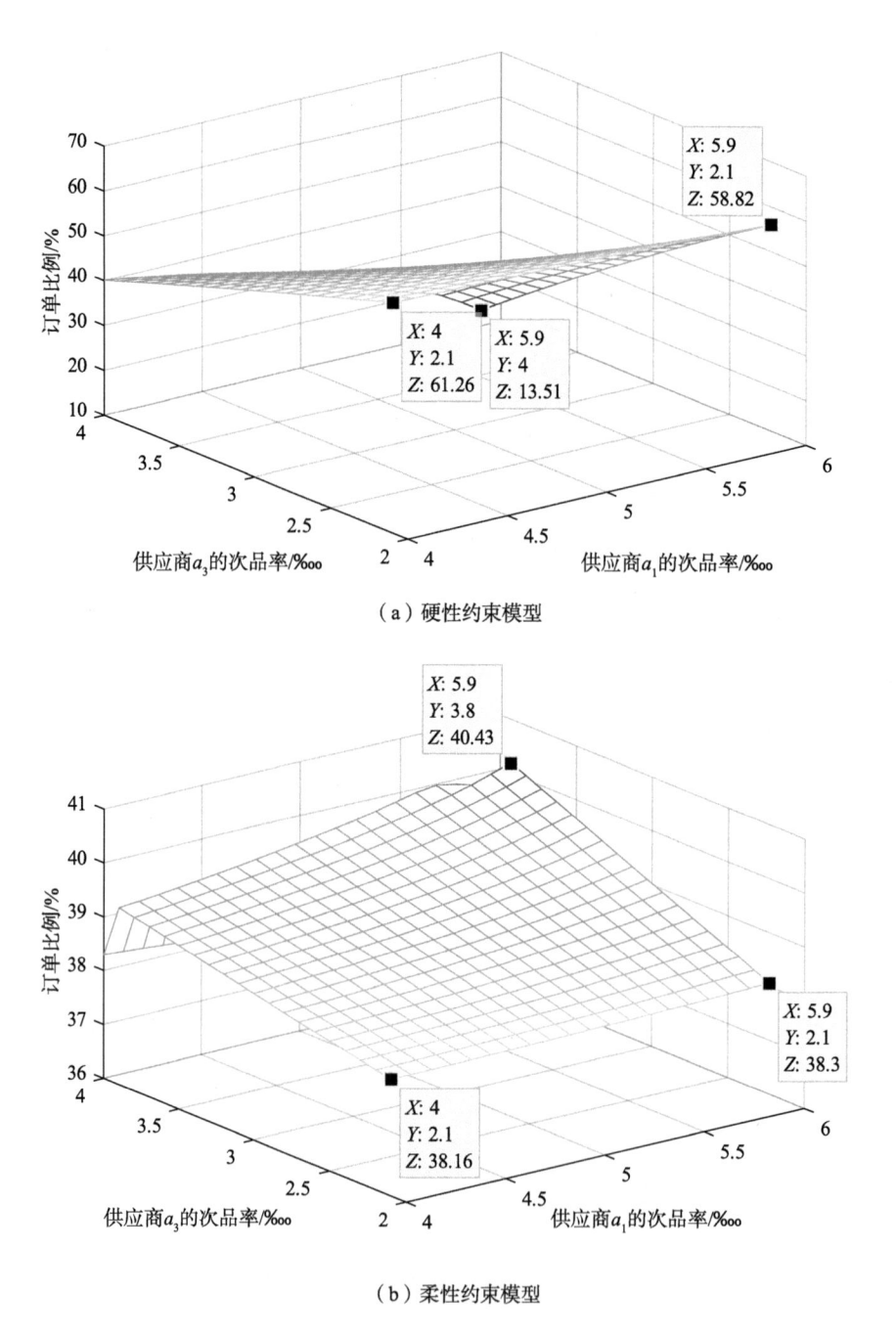

图 4-19　供应商 a_1、a_3 次品率同时改变时供应商 a_3 的订单比例

循环中，供应商 a_2 也参与到订单分配中，分配到的订单比例如图 4-20

所示。

(a) 硬性约束模型

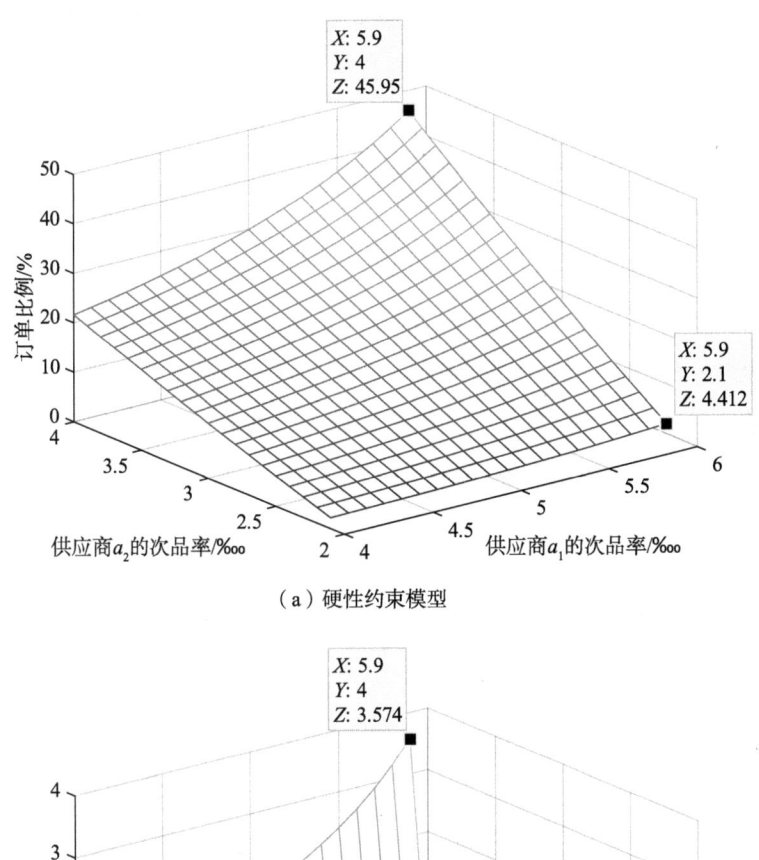

(b) 柔性约束模型

图 4-20 供应商 a_1、a_2 次品率同时改变时供应商 a_2 的订单比例

容易发现，各供应商在柔性约束中获得的订单比例变化情况比硬性约束中

要平缓很多，可见：柔性约束模型在处理新加入的供应商时也保持了一贯稳定的特性，相较于硬性约束，较少出现突然从一个新供应商处订购大量订单的情况，同时也较少出现大幅减少原供应商订单的情况。

4.5　本章小结

本章研究了产品标准可改变且限制次要目标过度优化的订单分配规划模型。将企业标准由一个精确值扩展到一个模糊范围，引入隶属度和非隶属度来限制企业对单个标准的过度优化，尽可能地降低成本。基于此，通过模糊规划方法，在企业的接受范围和偏好下，寻找使总效用最高的次品率、缺货率等标准值，以使各标准尽可能更优的情况下总成本最低。实例分析显示了该模型的有效性和稳定性，与传统硬性约束结果相比，柔性约束更适应现实情况，所取得的成果也更合理。

5 供应商组合订单分配机会约束规划模型

前面三章详细讨论了模糊性在供应商组合优化方面的作用,其中,供应商组合选择主要是为后期订单分配构建常规备选供应商,以便对突发事件有充分的应对时间,因此重点考虑模糊因素的影响,而随机因素的作用相对较弱;但供应商组合订单分配问题中,除了模糊性以外,随机性同样具有重要的影响。本章拟以突发订单应急采购为例,采用机会约束规划[180-182]这一方法来刻画考虑机会约束的供应商组合订单分配问题。

当今制造企业大多采用流水线进行大批量标准化生产,对原材料的需求较稳定且容易预测,库存的作用逐渐变小,因此学术领域提出了许多方法来最小化库存成本,如准时化生产(JIT),但是,这种优化措施使企业面临着更大的缺货风险,导致接受紧急订单的能力变弱。

然而,很多企业尤其是中小型企业,对订单的约束力较弱,既要维护客户关系,又不能完全放弃紧急订单带来的收益,因此有时会面临是否接受某紧急订单的抉择。若接受紧急订单,则又面临紧急采购,而这方面目前却少有研究。

这类订单通常无法正常进行市场调研、供应商选择、商务谈判等流程。为了应对这类紧急订单所带来的供应延误,有些企业会针对常规物料,组织建立备选供应商,当突发应急采购时,根据几家备选供应商的当前情况制订采购方案。这类采购一般倾向于选择多家供应商而非单一供应商,这主要是由于:①有效减少单一供应商的备货时间,更快响应;②降低单一供应商供应中断和延误风险的发生概率。

那么,在多供应商的情况下,一个重要的问题是如何优化在各个供应商间的订单分配。建立订单分配模型的难点在于成本并非唯一考虑的对象，而应急采购所面临的订单分配问题除了常规订单分配面对的因素外，还需要考虑一些特有的约束。

首先，交货时间有明确的要求。现有许多文献从供应商角度研究路径优化问题，却少有从企业角度，根据供应商的交货时间研究对各供应商的订单分配，以可接受的概率满足企业需求。供应商一旦不能按计划交货，将影响企业对下游企业紧急订单的完成，因此，这是一个包含交货时间约束的优化问题。然而，应急情况下的供货行为，对供应商的生产能力要求较高，中国目前的企业中有98%是中小型企业，尚未开展大规模流水线作业，生产速度具有一定的随机性，其中的随机因素造成的影响需要被考虑进来。因此，该约束适宜于表示为随机约束。

其次，应急采购中成本不再是必须满足的首要条件，而是在保证满足交货时间等硬性需求的前提下，成本越低越好，因此适宜于将成本作为目标来最小化。

这样看来，企业在分配原材料订单中的实际需求可能更适合看作在一定约束下最小化总成本。合适的订单分配模型，应以成本为目标函数，约束包含交货时间、产品质量等，形成最优化模型。由于交货时间为随机变量，需要合适的处理方式。近年来，机会约束规划模型已成为解决这类随机规划问题的有效方法，其中的置信水平同时可以用来反映紧急订单中的下游企业客户关系的重要性，因此此处即采用这一模型。

最后，在考虑交货时间和成本的同时，该优化问题还需考虑产品质量这一约束。较差的质量无法满足企业需求，然而紧急订单中，鉴于供应商的生产供应更为匆忙，企业为了满足交货时间约束，可能会稍微放松原材料质量标准。因此质量约束应表示为含有放松程度的模糊范围。

综上，本书建立了交货时间为随机变量、产品质量具有模糊范围的规划模型，基于机会约束规划和模糊规划，对该类订单分配模型进行求解，并用一个案例详细讨论分析了该类订单分配问题。

5.1 基本假设

如前文所分析,该模型参数定义见表 5-1。

表 5-1 参数定义

	符号	含义
索引	i	供应商,m个供应商集合 $i = \{1,2,\cdots,m\}$
	j	价格水平,n个价格水平集合 $j = \{1,2,\cdots,n\}$
	k	产品,l种产品集合 $k = \{1,2,\cdots,l\}$
变量	x_{ijk}	供应商i在j价格水平时分配到的k产品订单比例
	y_{ijk}	供应商i在j价格水平时订购k产品为1,否则为0
	λ	整体满意度
参数	p_{ijk}	供应商i在j价格水平时供应k产品的单位价格
	S_{ijk}	供应商i在j价格水平时订购k产品的最小订购量
	ξ_i	供应商i的订单延迟率
	R	约定交货时间
	t_i	供应商i生产单位产品所需的时间
	V_{ik}	供应商i供应k产品的最大供应量
	D_k	k产品的总需求量
	Q_{ik}	供应商i供应k产品的次品率
	$\tilde{Q}_k$	企业接受的k产品次品率

5.2 供应商组合订单分配模型

5.2.1 初始模型

(1) 目标函数

以最小化总成本为目标函数:

$$\min Z = \sum_{k=1}^{l} \sum_{j=1}^{n} \sum_{i=1}^{m} p_{ijk} D_k x_{ijk} \qquad (5-1)$$

（2）不确定性约束条件

在约束条件中，除了需求约束、供应能力约束等常规约束外，应急订单模型主要有两个重点考虑的约束：交货时间约束和质量约束。

1）交货时间约束。交货时间约束具有以下两个特征：①应急订单交货是受各种随机因素影响下的一次性行为，因此交货时间是符合正态分布的一个随机变量。②交货时间不存在上下界限，其只能以大于某个概率实现少于某个时间的随机范围，实际上，也存在实际交货时间超过企业所能接受的最大延误的情况，因此只能保证按时交货的概率不小于某个值。

因此，交货时间约束表示为随机约束。

在供应商 i 处订购数量越多，其所需交货时间越长。为保证生产的有序进行，原材料产品的交货时间应在约定范围内，但由于中小型制造企业中存在许多手工生产环节，因此单件产品的生产时间是随机变量。设供应商 i 每件产品的生产时间为 ξ_i，ξ_i 的概率分布记为 φ_{ξ_i}，企业要求交货时间为下单后 R 天之内，则交货时间约束为

$$\xi_i \sum_{k=1}^{l} \sum_{j=1}^{n} x_{ijk} D_k \leq R, \quad i = 1, 2, \cdots, m \qquad (5-2)$$

2）质量约束。质量约束（以次品率表示）与交货时间约束有着明显的区别。

①次品率是每件产品均有同样概率的次品的多件产品之和，因此，次品率更适于表达为模糊范围。

②次品率存在上下界限，超过一定次品率范围的产品是不被接受的。

③企业无法限定影响交货时间的各种随机因素，但可以通过设置次品率标准来限定供应商供应产品的次品率范围。这使得企业可以优化次品率这一参数，由于次品率的优化一般表示着成本的增加，因此最佳方式是通过规划模型确定合适的次品率值，寻得次品率和成本的最有效配置。

因此，次品率首先表示为模糊范围，并在后续规划模型中求解得到最优值。

产品次品率须在接受范围内，如前文中所分析，企业接受的 k 产品次品率需要有一定的弹性，将其表示为区间 $\tilde{Q}_k = (b_k^Q, c_k^Q)$。

次品率越低越好，单就次品率而言，不超过 b_k^Q 就完全满意，为了降低成本等其他因素，企业对次品率可放宽到 c_k^Q，超过 c_k^Q 的产品企业将不予考虑。随着次品率逐渐由 b_k^Q 放宽至 c_k^Q，企业逐渐由完全满意降至完全不满意。

$$\sum_{i=1}^{m} Q_{ik} \sum_{j=1}^{n} x_{ijk} \leqslant (b_k^Q, c_k^Q), \quad k = 1, 2, \cdots, l \quad (5-3)$$

（3）确定性约束条件

其他还需要考虑的约束有以下几个。

1）需求约束。企业接收到的 k 产品总数量不能小于需求量。

$$\sum_{j=1}^{n} \sum_{i=1}^{m} x_{ijk} \geqslant 1, \quad k = 1, 2, \cdots, l \quad (5-4)$$

2）供应能力约束。供应商 i 供应 k 产品的数量不能超过最大供应量。

$$\sum_{j=1}^{n} x_{ijk} D_k \leqslant V_{ik}, \quad i = 1, 2, \cdots, m; k = 1, 2, \cdots, l \quad (5-5)$$

3）数量折扣约束。供应商 i 在 j 价格水平时分配到的 k 产品订单数量应超过其在该水平时供应 k 产品的最小起订量，同时不超过其在该水平时供应 k 产品的最大供应量（即 $j+1$ 价格水平时供应 k 产品的最小起订量）：

$$x_{ijk} D_k \leqslant (S_{ik,j+1} - 1) y_{ijk}, \quad i = 1, 2, \cdots, m; j = 1, 2, \cdots, n; k = 1, 2, \cdots, l$$
$$(5-6)$$

$$x_{ijk} D_k \geqslant S_{ijk} y_{ijk}, \quad i = 1, 2, \cdots, m; j = 1, 2, \cdots, n; k = 1, 2, \cdots, l \quad (5-7)$$

4）价格水平约束。供应商 i 供应 k 产品的价格水平不能超过 1。

$$\sum_{j=1}^{n} y_{ijk} \leqslant 1, \quad i = 1, 2, \cdots, m; k = 1, 2, \cdots, l \quad (5-8)$$

5）非负和 0-1 约束。

$$x_{ijk} \geqslant 0, \quad i = 1, 2, \cdots, m; j = 1, 2, \cdots, n; k = 1, 2, \cdots, l \quad (5-9)$$

$$y_{ijk} \in \{0, 1\}, \quad i = 1, 2, \cdots, m; j = 1, 2, \cdots, n; k = 1, 2, \cdots, l \quad (5-10)$$

最终，应急订单分配模型 f_1 为

$$\min Z = \sum_{k=1}^{l} \sum_{j=1}^{n} \sum_{i=1}^{m} p_{ijk} D_k x_{ijk}$$

s. t.

$$\xi_i \sum_{k=1}^{l} \sum_{j=1}^{n} x_{ijk} D_k \leq R, \quad i = 1,2,\cdots,m$$

$$\sum_{i=1}^{m} Q_{ik} \sum_{j=1}^{n} x_{ijk} \leq (b_k^Q, c_k^Q), \quad k = 1,2,\cdots,l$$

$$\sum_{j=1}^{n} \sum_{i=1}^{m} x_{ijk} \geq 1, \quad k = 1,2,\cdots,l$$

$$\sum_{j=1}^{n} x_{ijk} D_k \leq V_{ik}, \quad i = 1,2,\cdots,m; k = 1,2,\cdots,l$$

$$x_{ijk} D_k \leq (S_{ik,j+1} - 1) y_{ijk}, \quad i = 1,2,\cdots,m; j = 1,2,\cdots,n; k = 1,2,\cdots,l$$

$$x_{ijk} D_k \geq S_{ijk} y_{ijk}, \quad i = 1,2,\cdots,m; j = 1,2,\cdots,n; k = 1,2,\cdots,l$$

$$\sum_{j=1}^{n} y_{ijk} \leq 1, \quad i = 1,2,\cdots,m; k = 1,2,\cdots,l$$

$$x_{ijk} \geq 0, \quad i = 1,2,\cdots,m; j = 1,2,\cdots,n; k = 1,2,\cdots,l$$

$$y_{ijk} \in \{0,1\}, i = 1,2,\cdots,m; j = 1,2,\cdots,n; k = 1,2,\cdots,l$$

5.2.2 机会约束的转换

交货时间约束条件（5-2）需要转化为以大于某个概率实现少于某个时间的形式。将上述模型转化为可求解的机会约束规划模型。

引入置信水平 $\alpha \in [0,1]$，约束条件（5-2）转化为

$$\Pr\{\xi_i \sum_{k=1}^{l} \sum_{j=1}^{n} x_{ijk} D_k \leq R\} \geq \alpha, \quad i = 1,2,\cdots,m \qquad (5-11)$$

则规划模型 f_1 可转化为机会约束规划模型 f_2：

$$\min Z = \sum_{k=1}^{l} \sum_{j=1}^{n} \sum_{i=1}^{m} p_{ijk} D_k x_{ijk}$$

s. t.

$$\Pr\{\xi_i \sum_{k=1}^{l} \sum_{j=1}^{n} x_{ijk} D_k \leq R\} \geq \alpha, \quad i = 1, 2, \cdots, m$$

$$\sum_{i=1}^{m} Q_{ik} \sum_{j=1}^{n} x_{ijk} \leq (b_k^Q, c_k^Q), \quad k = 1, \cdots, l$$

$$\sum_{j=1}^{n} \sum_{i=1}^{m} x_{ijk} \geq 1, \quad k = 1, 2, \cdots, l$$

$$\sum_{j=1}^{n} x_{ijk} D_k \leq V_{ik}, \quad i = 1, 2, \cdots, m; k = 1, 2, \cdots, l$$

$$x_{ijk} D_k \leq (S_{ik,j+1} - 1) y_{ijk}, \quad i = 1, 2, \cdots, m; j = 1, 2, \cdots, n; k = 1, 2, \cdots, l$$

$$x_{ijk} D_k \geq S_{ijk} y_{ijk}, \quad i = 1, 2, \cdots, m; j = 1, 2, \cdots, n; k = 1, 2, \cdots, l$$

$$\sum_{j=1}^{n} y_{ijk} \leq 1, \quad i = 1, 2, \cdots, m; k = 1, 2, \cdots, l$$

$$x_{ijk} \geq 0, \quad i = 1, 2, \cdots, m; j = 1, 2, \cdots, n; k = 1, 2, \cdots, l$$

$$y_{ijk} \in \{0, 1\}, \quad i = 1, 2, \cdots, m; j = 1, 2, \cdots, n; k = 1, 2, \cdots, l$$

其中，ξ_i 是相互独立的正态随机变量，R 为实数。

约束条件（5-11）的形式需进一步转化，才能后续求解。

显然，函数 $y_i(x) = \xi_i \sum_{k=1}^{l} \sum_{j=1}^{n} x_{ijk} D_k - R$ 也是正态随机变量，且有

$$E(y_i(x)) = E(\xi_i) \sum_{k=1}^{l} \sum_{j=1}^{n} x_{ijk} D_k - E(R)$$

$$V(y_i(x)) = V(\xi_i) \left(\sum_{k=1}^{l} \sum_{j=1}^{n} x_{ijk} D_k\right)^2 + V(R)$$

其中，$E(\cdot)$ 和 $V(\cdot)$ 分别为期望值和方差，$V(R) = 0$。

将上述变量转化为服从标准正态分布 $N(0,1)$ 的形式：

$$\frac{\xi_i \sum_{k=1}^{l} \sum_{j=1}^{n} x_{ijk} D_k - R - \left(E(\xi_i) \sum_{k=1}^{l} \sum_{j=1}^{n} x_{ijk} D_k - E(R)\right)}{\sqrt{V(\xi_i) \left(\sum_{k=1}^{l} \sum_{j=1}^{n} x_{ijk} D_k\right)^2}}$$

那么，$\xi_i \sum_{k=1}^{l} \sum_{j=1}^{n} x_{ijk} D_k \leq R$ 等价于

$$\frac{\xi_i \sum_{k=1}^{l} \sum_{j=1}^{n} x_{ijk} D_k - R - (E(\xi_i) \sum_{k=1}^{l} \sum_{j=1}^{n} x_{ijk} D_k - E(R))}{\sqrt{V(\xi_i) \left(\sum_{k=1}^{l} \sum_{j=1}^{n} x_{ijk} D_k\right)^2}}$$

$$\leq -\frac{E(\xi_i) \sum_{k=1}^{l} \sum_{j=1}^{n} x_{ijk} D_k - E(R)}{\sqrt{V(\xi_i) \left(\sum_{k=1}^{l} \sum_{j=1}^{n} x_{ijk} D_k\right)^2}}$$

因此，约束条件（5-11）等价于

$$\Pr\left\{\eta \leq -\frac{E(\xi_i) \sum_{k=1}^{l} \sum_{j=1}^{n} x_{ijk} D_k - E(R)}{\sqrt{V(\xi_i) \left(\sum_{k=1}^{l} \sum_{j=1}^{n} x_{ijk} D_k\right)^2}}\right\} \geq \alpha$$

其中，η 服从标准正态分布，其概率分布函数形式为

$$\varphi(\eta) = \frac{1}{\sqrt{2\pi}} \int_{-\infty}^{\eta} \exp\left(-\frac{t^2}{2}\right) dt$$

则约束条件（5-11）成立当且仅当

$$\varphi^{-1}(\alpha) \leq -\frac{E(\xi_i) \sum_{k=1}^{l} \sum_{j=1}^{n} x_{ijk} D_k - E(R)}{\sqrt{V(\xi_i) \left(\sum_{k=1}^{l} \sum_{j=1}^{n} x_{ijk} D_k\right)^2}}$$

即

$$E(\xi_i) \sum_{k=1}^{l} \sum_{j=1}^{n} x_{ijk} D_k + \varphi^{-1}(\alpha) \sqrt{V(\xi_i) \left(\sum_{k=1}^{l} \sum_{j=1}^{n} x_{ijk} D_k\right)^2} \leq E(R)$$

(5-12)

因此约束条件（5-12）等价于约束条件（5-11），将约束条件（5-12）替换约束条件（5-11），得到等价模型 f_3：

$$\min Z = \sum_{k=1}^{l}\sum_{j=1}^{n}\sum_{i=1}^{m} p_{ijk} D_k x_{ijk}$$

s. t.

$$E(\xi_i) \sum_{k=1}^{l}\sum_{j=1}^{n} x_{ijk} D_k + \varphi^{-1}(\alpha) \sqrt{V(\xi_i)\left(\sum_{k=1}^{l}\sum_{j=1}^{n} x_{ijk} D_k\right)^2} \leq E(R), i=1,2,\cdots,m$$

$$\sum_{i=1}^{m} Q_{ik} \sum_{j=1}^{n} x_{ijk} \leq (b_k^Q, c_k^Q), \quad k=1,2,\cdots,l$$

$$\sum_{j=1}^{n}\sum_{i=1}^{m} x_{ijk} \geq 1, \quad k=1,2,\cdots,l$$

$$\sum_{j=1}^{n} x_{ijk} D_k \leq V_{ik}, \quad i=1,2,\cdots,m; k=1,2,\cdots,l$$

$$x_{ijk} D_k \leq (S_{ik,j+1} - 1) y_{ijk}, \quad i=1,2,\cdots,m; j=1,2,\cdots,n; k=1,2,\cdots,l$$

$$x_{ijk} D_k \geq S_{ijk} y_{ijk}, \quad i=1,2,\cdots,m; j=1,2,\cdots,n; k=1,2,\cdots,l$$

$$\sum_{j=1}^{n} y_{ijk} \leq 1, \quad i=1,2,\cdots,m; k=1,2,\cdots,l$$

$$x_{ijk} \geq 0, \quad i=1,2,\cdots,m; j=1,2,\cdots,n; k=1,2,\cdots,l$$

$$y_{ijk} \in \{0,1\}, \quad i=1,2,\cdots,m; j=1,2,\cdots,n; k=1,2,\cdots,l$$

5.2.3 模糊约束的转换

质量约束条件（5-3）也需经过一定的转化，并优化参数。首先给出模糊范围(b_k^Q, c_k^Q)的隶属度，以描述企业对各数值的满意度。将f_1中模糊约束条件（5-3）标准化，其隶属函数定义为

$$\tilde{A}_k^Q(x) = \begin{cases} 1, & \tau_k^Q \leq b_k^Q \\ \dfrac{c_k^Q - \tau_k^Q}{c_k^Q - b_k^Q}, & b_k^Q < \tau_k^Q \leq c_k^Q \\ 0, & \tau_k^Q > c_k^Q \end{cases}$$

其中，$\tau_k^Q = \sum_{i=1}^{m} Q_{ik} \sum_{j=1}^{n} x_{ijk}$，$k=1,2,\cdots,l$，次品率的隶属函数图形如图5-1所示。

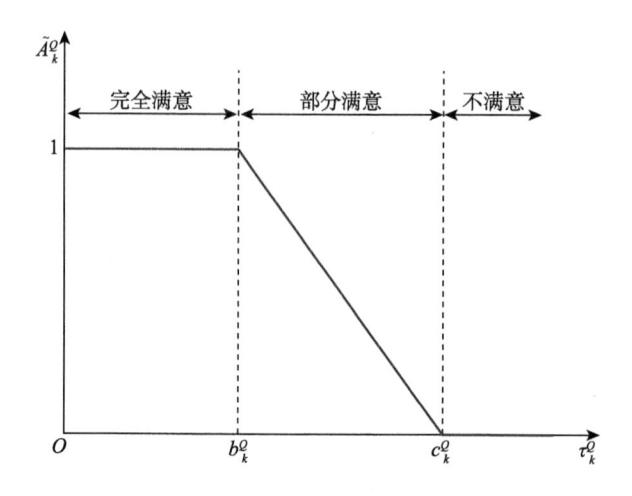

图 5-1 次品率的隶属函数

质量约束条件（5-3）中含有模糊范围 (b_k^Q, c_k^Q)，为了得到该模型的全局最优解，先将其改写为

$$\sum_{i=1}^m Q_{ik} \sum_{j=1}^n x_{ijk} \leqslant b_k^Q, \quad k = 1, 2, \cdots, l \qquad (5-13)$$

将约束条件（5-13）替换原约束条件（5-3）形成新规划 f_4，设规划 f_4 的最优解为 Z_0；再将原约束条件（5-3）改写为

$$\sum_{i=1}^m Q_{ik} \sum_{j=1}^n x_{ijk} \leqslant c_k^Q, \quad k = 1, 2, \cdots, l \qquad (5-14)$$

将约束条件（5-14）替换约束条件（5-3）形成新规划 f_5，设规划 f_5 的最优解为 Z_1。一般来说，应有 $Z_1 < Z_0$，则 $Z_0 - Z_1 > 0$。

将目标函数模糊化，其隶属函数定义为

$$\tilde{G}(x) = \begin{cases} 1, & \tau_0 \leqslant Z_1 \\ \dfrac{Z_0 - \tau_0}{Z_0 - Z_1}, & Z_1 < \tau_0 \leqslant Z_0 \\ 0, & \tau_0 > Z_0 \end{cases}$$

其中，$\tau_0 = \sum_{k=1}^l \sum_{j=1}^n \sum_{i=1}^m p_{ijk} D_k x_{ijk}$，目标函数的隶属函数图形如图 5-2 所示。

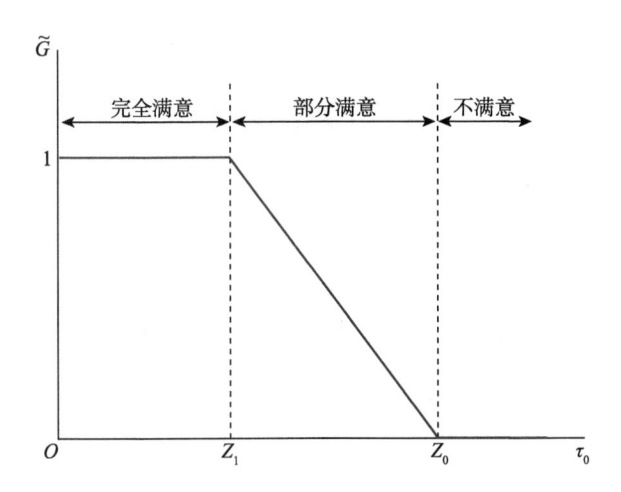

图 5-2 目标函数的隶属函数

至此，原模型可以转化为下述优化模型：

$$\max \lambda$$

s. t.

$$E(\xi_i) \sum_{k=1}^{l} \sum_{j=1}^{n} x_{ijk} D_k + \varphi^{-1}(\alpha) \sqrt{V(\xi_i) \left(\sum_{k=1}^{l} \sum_{j=1}^{n} x_{ijk} D_k \right)^2} \leq E(R), i = 1, 2, \cdots, m$$

$$\sum_{k=1}^{l} \sum_{j=1}^{n} \sum_{i=1}^{m} p_{ijk} D_k x_{ijk} + (Z_0 - Z_1) \lambda \leq Z_0$$

$$\sum_{i=1}^{m} Q_{ik} \sum_{j=1}^{n} x_{ijk} + (c_k^Q - b_k^Q) \lambda \leq c_k^Q, \quad k = 1, 2, \cdots, l$$

$$\sum_{j=1}^{n} \sum_{i=1}^{m} x_{ijk} \geq 1, \quad k = 1, 2, \cdots, l$$

$$\sum_{j=1}^{n} x_{ijk} D_k \leq V_{ik}, \quad i = 1, 2, \cdots, m; k = 1, 2, \cdots, l$$

$$x_{ijk} D_k \leq (S_{ik,j+1} - 1) y_{ijk}, \quad i = 1, 2, \cdots, m; j = 1, 2, \cdots, n; k = 1, 2, \cdots, l$$

$$x_{ijk} D_k \geq S_{ijk} y_{ijk}, \quad i = 1, 2, \cdots, m; j = 1, 2, \cdots, n; k = 1, 2, \cdots, l$$

$$\sum_{j=1}^{n} y_{ijk} \leq 1, \quad i = 1, 2, \cdots, m; k = 1, 2, \cdots, l$$

$$x_{ijk} \geq 0, \quad i = 1, 2, \cdots, m; j = 1, 2, \cdots, n; k = 1, 2, \cdots, l$$

$$y_{ijk} \in \{0,1\}, i = 1, 2, \cdots, m; j = 1, 2, \cdots, n; k = 1, 2, \cdots, l$$

$$\lambda \geq 0$$

5.3 算例分析

本节中用一个实例来分析所提出的紧急订单分配模型。A 企业是一家玩具厂，现接到一份紧急订单，需要紧急订购并在 20 天之内收到两种样式的玩具配件，具体需求见表 5-2。根据历史采购记录和收藏的备选供应商名单，整理出了 4 家备选供应商，记为 $a_i(i=1,2,3,4)$，由于配件中含有手工缝制环节，交货时间依赖于人工速度，是一个随机变量。企业需要各供应商均有 99% 以上的概率在 20 天之内交货。4 家备选供应商供应两种配件的采购信息见表 5-3，其中价格均分为零售价和批发价。

该企业的应急采购流程如图 5-3 所示。在制订采购方案这一环节，企业的过往做法是组织相关部门开会协商。由于该方法主观影响较大，且有时难以达成统一意见，企业希望有更加科学理性的优化方法，本书所提模型可以有效处理这一环节的问题。

表 5-2　企业对两种配件的需求情况

配件	次品率 $\tilde{Q}$ /%	交货时间 R/天	总需求量/箱
1	(1.2, 1.5)	20	70
2	(1.0, 1.5)	20	100

表 5-3　配件采购信息

供应商	第 1 种配件 次品率 Q/%	第 1 种配件 数量水平/箱	第 1 种配件 价格/(元/箱)	第 2 种配件 次品率 Q/%	第 2 种配件 数量水平/箱	第 2 种配件 价格/(元/箱)	单箱生产时间/天	置信度
a_1	1.2	$D<15$	2300	2.0	$D<20$	1300	0.20 ± 0.07	98%
		$D\geqslant15$	2200		$D\geqslant20$	1250		
a_2	0.6	$D<15$	2500	1.6	$D<20$	1500	0.17 ± 0.05	96%
		$D\geqslant15$	2400		$D\geqslant20$	1400		
a_3	1.7	$D<10$	2250	0.5	$D<15$	1750	0.26 ± 0.10	99%
		$D\geqslant10$	2200		$D\geqslant15$	1700		

续表

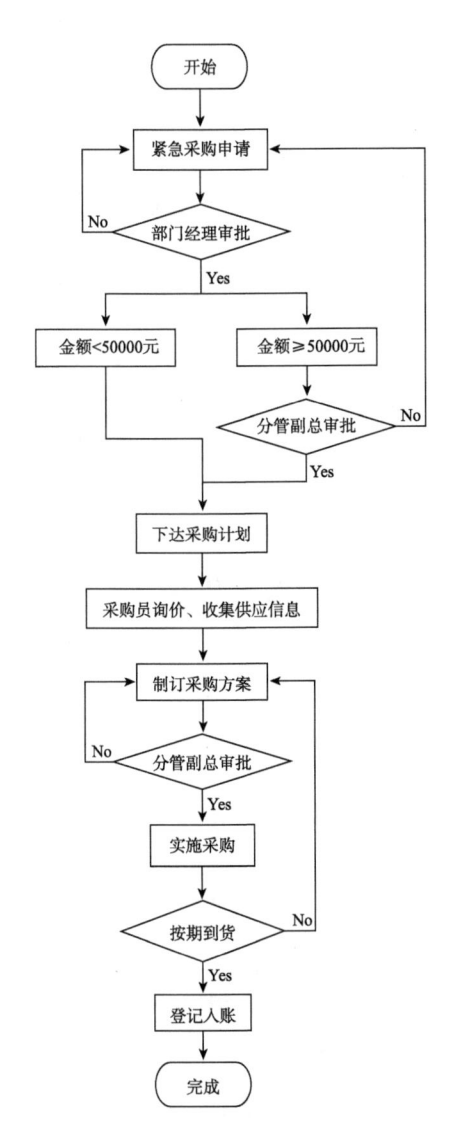

供应商	第1种配件 次品率 Q/%	第1种配件 数量水平/箱	第1种配件 价格/(元/箱)	第2种配件 次品率 Q/%	第2种配件 数量水平/箱	第2种配件 价格/(元/箱)	单箱生产时间/天	置信度
a_4	0.9	$D < 20$	2500	1.0	$D < 30$	1750	0.10 ± 0.02	95%
		$D \geqslant 20$	2350		$D \geqslant 30$	1650		

图 5-3 企业应急采购流程图

建立规划模型，首先，根据表 5-3 中各供应商给出的单箱生产时间及其置信度，求解各供应商单箱生产时间的期望和标准差，结果见表 5-4。

表 5-4　单箱生产时间的期望和标准差

供应商	期望	Z	标准差
a_1	0.20	2.326	0.0301
a_2	0.17	2.054	0.0243
a_3	0.26	2.576	0.0388
a_4	0.10	1.960	0.0102

将数据代入公式（5-12），则

$$0.20 \sum_{k=1}^{l} \sum_{j=1}^{n} x_{1jk}D_k + 2.326 \times 0.0301 \sum_{k=1}^{l} \sum_{j=1}^{n} x_{1jk}D_k \leq 20$$

$$0.17 \sum_{k=1}^{l} \sum_{j=1}^{n} x_{2jk}D_k + 2.326 \times 0.0243 \sum_{k=1}^{l} \sum_{j=1}^{n} x_{2jk}D_k \leq 20$$

$$0.26 \sum_{k=1}^{l} \sum_{j=1}^{n} x_{3jk}D_k + 2.326 \times 0.0388 \sum_{k=1}^{l} \sum_{j=1}^{n} x_{3jk}D_k \leq 20$$

$$0.10 \sum_{k=1}^{l} \sum_{j=1}^{n} x_{4jk}D_k + 2.326 \times 0.0102 \sum_{k=1}^{l} \sum_{j=1}^{n} x_{4jk}D_k \leq 20$$

化简后为

$$\sum_{k=1}^{l} \sum_{j=1}^{n} x_{1jk}D_k \leq 74$$

$$\sum_{k=1}^{l} \sum_{j=1}^{n} x_{2jk}D_k \leq 88$$

$$\sum_{k=1}^{l} \sum_{j=1}^{n} x_{3jk}D_k \leq 57$$

$$\sum_{k=1}^{l} \sum_{j=1}^{n} x_{4jk}D_k \leq 162$$

代入模型，使用 MATLAB 程序求解，各供应商分配到的订单数量结果见表 5-5。

表 5-5　订购两种配件的数量

| 供应商 | 第 1 种配件/箱 || 第 2 种配件/箱 ||
	零售价	批发价	零售价	批发价
a_1	0	53	0	21

续表

供应商	第1种配件/箱		第2种配件/箱	
	零售价	批发价	零售价	批发价
a_2	0	0	0	39
a_3	0	17	0	40
a_4	0	0	0	0

整体订单的分配比例如图 5-4 所示。

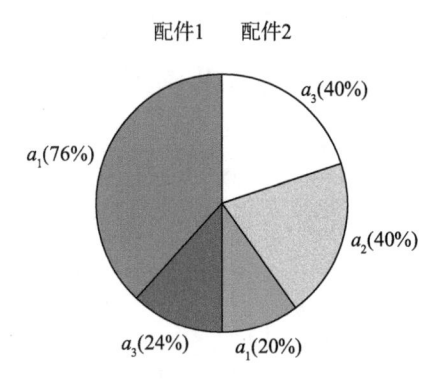

图 5-4 整体订单分配比例

此为该企业的最佳选择。

5.4 讨论分析

5.4.1 随机性因素的影响

若企业需要的各供应商准时交货概率从 99.9% 以上逐渐降低至 90% 以上，可以看到，概率为 99.9% 以上时：

$$\sum_{k=1}^{l}\sum_{j=1}^{n}x_{1jk}D_k \leq 68$$

$$\sum_{k=1}^{l}\sum_{j=1}^{n}x_{2jk}D_k \leq 82$$

$$\sum_{k=1}^{l}\sum_{j=1}^{n}x_{3jk}D_k \leq 53$$

$$\sum_{k=1}^{l}\sum_{j=1}^{n}x_{4jk}D_k \leq 152$$

而概率为90%以上时：

$$\sum_{k=1}^{l}\sum_{j=1}^{n}x_{1jk}D_k \leq 84$$

$$\sum_{k=1}^{l}\sum_{j=1}^{n}x_{2jk}D_k \leq 99$$

$$\sum_{k=1}^{l}\sum_{j=1}^{n}x_{3jk}D_k \leq 65$$

$$\sum_{k=1}^{l}\sum_{j=1}^{n}x_{4jk}D_k \leq 177$$

供应商 a_1 的订单比例变化情况如图 5-5 所示。

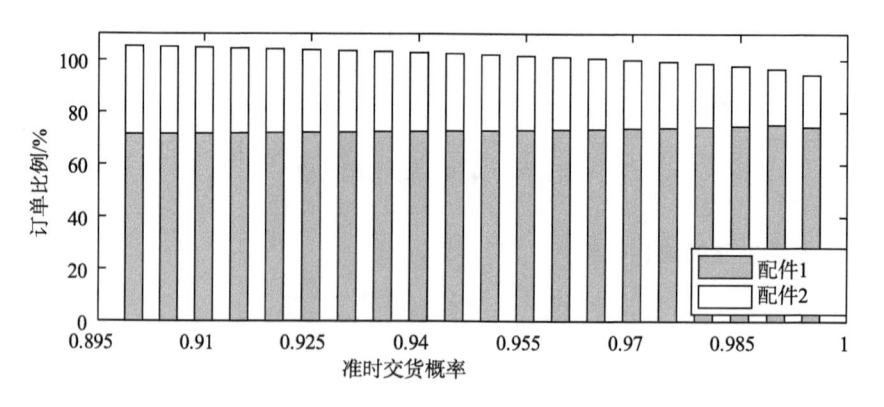

图 5-5 准时交货概率改变时供应商 a_1 的订单比例

由图 5-5 中可以清晰地看到，对供应商 a_1 而言，随着企业要求的按时交货概率逐渐升高，配件1的订单比例较为稳定，而配件2的订单比例呈现出相对明显的下降趋势。由于供应商 a_1 供应两种配件的准时交货概率相同，可见，在准时交货标准较低时，模型尽可能多地订购了最便宜但单箱生产时间稍长的配件2（供应商 a_1 处），一旦准时交货要求提高，为了服从这一约束，从供应商 a_1 处订购的配件2的比例不得不降低。

其他3家供应商中，供应商 a_4 始终未分配到订单，供应商 a_2 仅分配到配件2的订单，而未分配到配件1的订单。由于供应商 a_1 供应的配件2逐渐减少，因此相应地，价格高于供应商 a_1 且低于其他供应商，同时单箱生产时间较低的供应商 a_2 逐渐增加了订单比例，以补足这部分订单。其订单分配情况如图 5-6 所示。

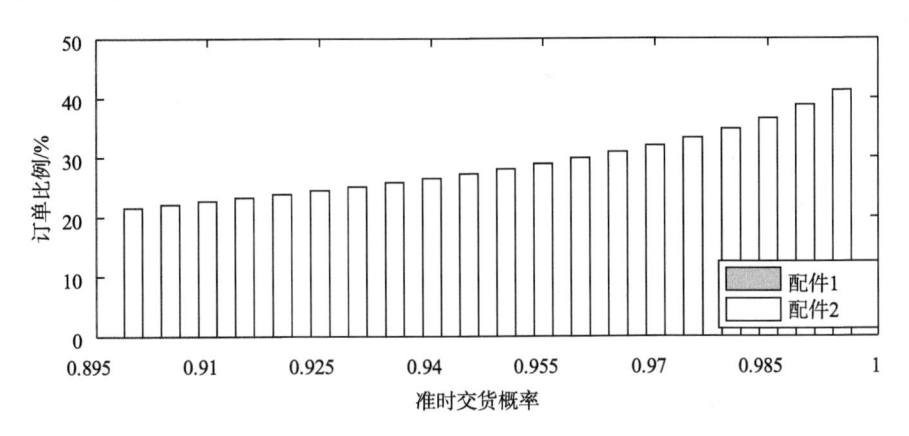

图 5-6 准时交货概率改变时供应商 a_2 的订单比例

供应商 a_3 具有类似于供应商 a_1 的现象（见图 5-7）。由于供应商 a_3 的单箱生产时间为各供应商中最长，因此虽然其供应配件 1 的批发价格属于各供应商中最低（与供应商 a_1 相同），但其初始分配到的订单远少于供应商 a_1。可以看到，供应商 a_3 分配到配件 2 订单的比例也有明显下降，这是由于随着准时交货标准的提高，该约束的重要性增加，订单更多地分配给了单箱生产时间更少的供应商。

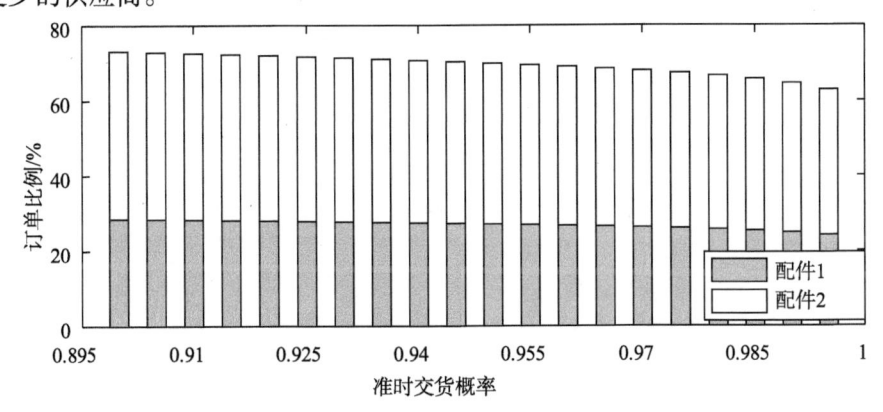

图 5-7 准时交货概率改变时供应商 a_3 的订单比例

将 3 家供应商供应两种配件的变化趋势表现在一个图形中（见图 5－8），其中 $x_{3,2,1}$ 表示第 3 家供应商在第 2 种价格水平下供应配件 1 的订单比例，其他类同。可见，只有第 2 家供应商被选到了以零售价格销售的配件，而其他供应商均符合批发价格的订购量。

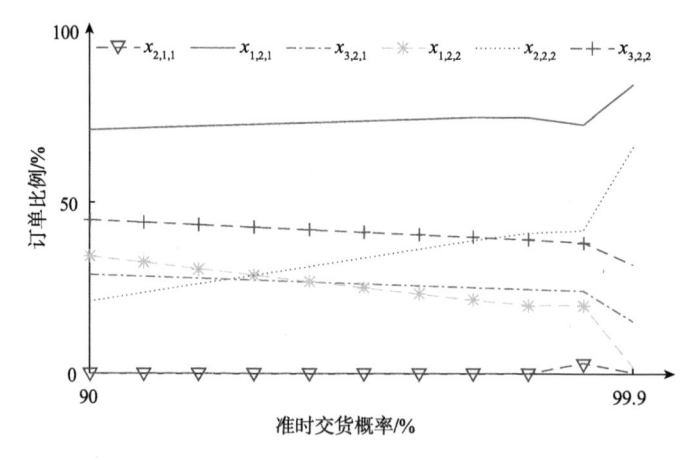

图 5－8　准时交货概率改变时的订单分配比例

显然，准时交货概率的改变对订单分配的结果有明显影响，再次体现了应急采购中交货时间的重要性。

若供应商的单箱生产时间变化，订单分配的结果也有较明显改变。以供应商 a_1 为例，若其期望单箱生产时间从 0.3 天逐渐降低至 0.1 天，各供应商分配到的订单比例如图 5－9 所示。

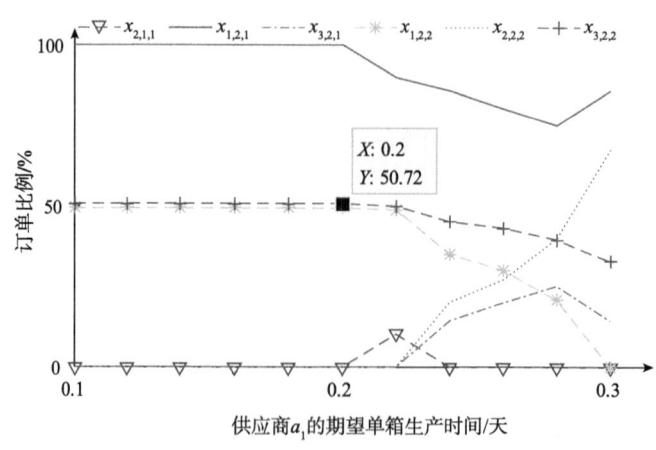

图 5－9　供应商 a_1 的期望单箱生产时间改变时的订单分配比例

可见，各供应商分配到的订单在期望值较低时受到了明显的影响，但期望值超过一定范围后则趋于稳定。这是由于，当供应商 a_1 的期望单箱生产时间小于一定数值（0.2 天）时，由于所需总生产时间较少，均能达到企业标准，起不到约束作用，而超过该值后则起到约束作用，对订单比例产生影响。

5.4.2 模糊性因素的影响

次品率约束带来的改变具有相似的现象，例如，若企业接受的次品率最大值由 1.2% 逐渐升高至 2.1%，其带来的订单分配结果的变化如图 5 - 10 所示。

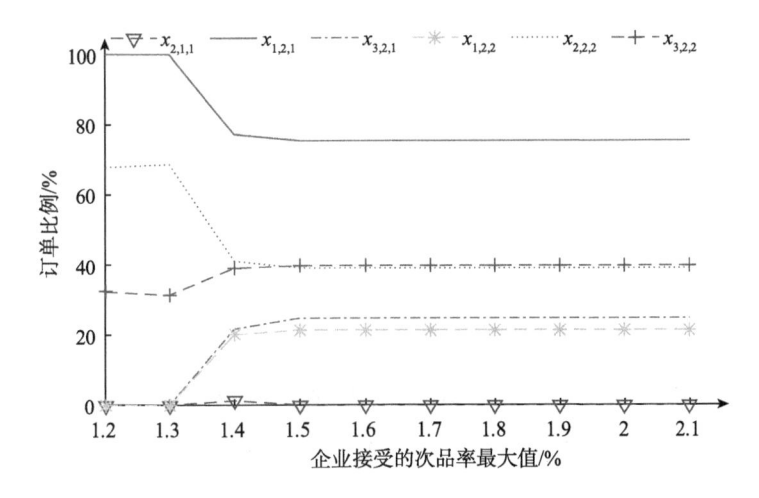

图 5 - 10 企业接受标准改变时的订单分配比例

而若供应商的次品率发生改变，订单分配整体倾向于选择次品率较低的供应商。例如，若供应商 a_1、a_3 供应第 2 种配件的次品率分别由 0.6% 升高至 2.5%、由 0.1% 升高至 2.0%，则供应商 a_1 的订单比例如图 5 - 11 所示。图 5 - 12 所示为供应商 a_2 的订单比例，可以看到其整体分为两个比例层次，而每个层次均较为稳定。这是由于供应商 a_3 的次品率小于一定数值时，供应商 a_2（其次品率 1.6% 超过企业接受的最大值 1.5%）不得不降低分配到的比例。

模糊性因素对应急订单分配的影响与第 3 章中讨论的对普通订单分配的影响类似。但是，普通订单分配问题中，供应商常常会成为长期合作伙伴，且作为生产的基本保证，每次订购量较大，因此可以通过谈判而得到一个合理的价格。而本章所讨论的应急订单分配问题中的供应商为临时选出，订单量较小，且时间紧急，议价能力较弱，往往只能根据供应商报价直接做出决策。供应商常会根据订购量给出零售价和批发价两种价格，因此，考虑在每家供应商的订购数量时需注意到价格这一分段函数。

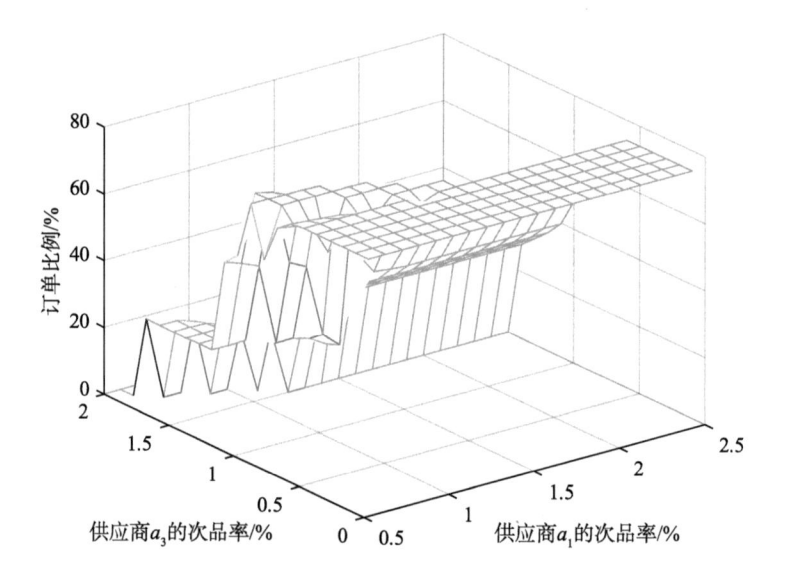

图 5-11 供应商的次品率改变时配件 2 供应商 a_1 的订单比例

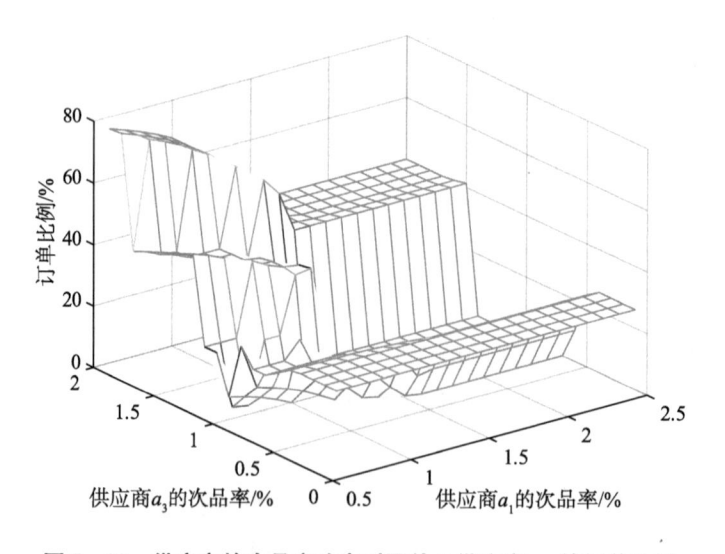

图 5-12 供应商的次品率改变时配件 2 供应商 a_2 的订单比例

基于上述分析,可以预见,应急订单分配这种具有多价格模式的订单分配问题,会由于价格的分段情况而遇到订单比例突增或突减。图 5-10 中企业接受的次品率最大值由 1.3% 上升为 1.4% 时,出现了这种现象。

有时,随着技术的提升,会有多家供应商能够同时改进自己的技术,为了探讨这种情况下订单分配比例相应改变的趋势和幅度,图 5-11 以配件 2 的次品率为例进行了分析。在图 5-11 中,供应商 a_1 的次品率由 2.5% 逐渐降低为 0.5%,同时供应商 a_3 的次品率由 2% 降低为 0,这一过程中,可以看到供应商 a_1 的订单比例逐渐上升,其中包括一个大幅度的跳跃式上升,原因如前所述。

作为对比,图 5-13 和图 5-14 列出该状态下参与配件 2 订单分配的另外两家供应商:供应商 a_3 和供应商 a_4。显然,供应商 a_1、供应商 a_3 和供应商 a_4 组成了一个完整的供应体系,此消彼长。

此外,可以发现,当供应商 a_3 的次品率非常低时,供应商 a_1 的订单比较处于高位,这是由于此时供应商 a_3 拉低了总次品率,次品率约束的影响变小,于是价格最低的供应商 a_1 获得了更多订单。供应商 a_3 的订单比例(见图 5-13)和供应商 a_4 的订单比例(见图 5-14)在此处也相应有所体现。

同样地,当供应商 a_1 的次品率较高时,次品率起到约束作用,因此价格最低的供应商 a_1 也不得不减少订单比例。

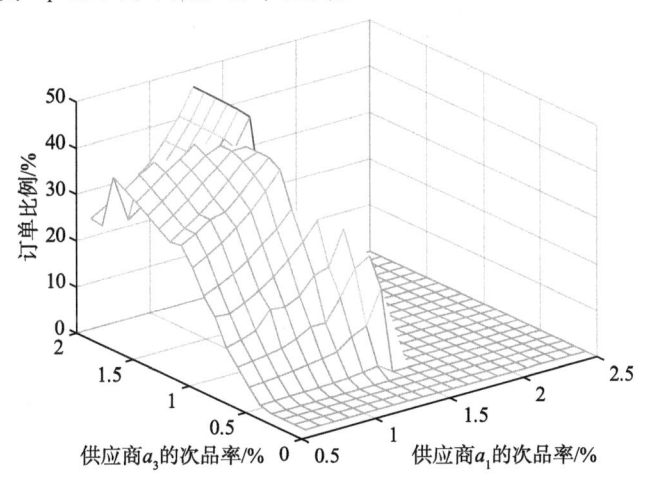

图 5-13 供应商的次品率改变时配件 2 供应商 a_3 的订单比例

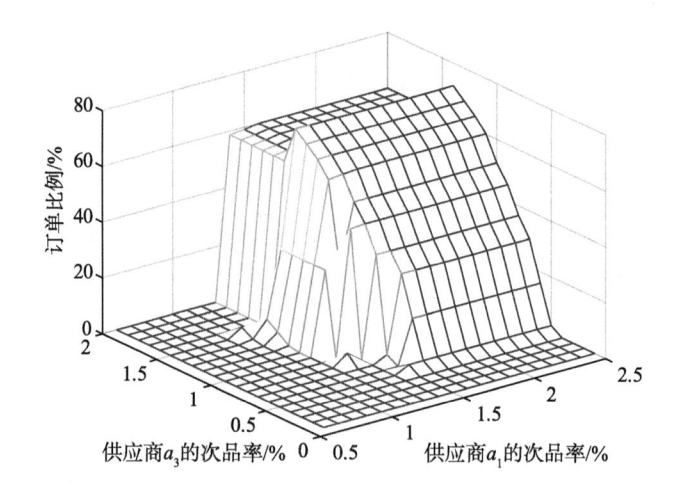

图 5-14 供应商的次品率改变时配件 2 供应商 a_4 的订单比例

5.4.3 确定性因素的影响

除了上面随机性因素和模糊性因素的影响外，确定性因素变化时对订单分配结果也存在着影响。本章中，确定性因素包括价格和供应能力，供应能力所起到的约束性较小，其重要性不如价格，因此以价格为例进行分析。若供应商 a_1 和供应商 a_2 有打折优惠，下面将讨论其给予的折扣在 0.8~0.99 变化的过程中，各供应商订单分配比例变化情况，如图 5-15~图 5-18 所示。

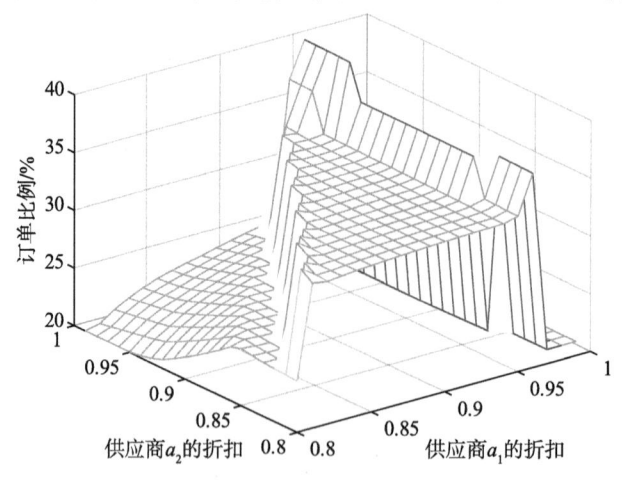

图 5-15 供应商的折扣变化时配件 2 供应商 a_1 的订单比例

由图 5-15 可见，若不考虑供应商 a_2，那么随着供应商 a_1 的折扣力度逐渐增大，其订单比例先大幅增加后保持平稳。在增加部分，其订单比例呈现的突然增加是由于订单量达到批发价格的临界值而使价格突然大幅降低所致。加入供应商 a_2 折扣力度逐渐增大这一因素，可以看到，供应商 a_2 折扣力度较小时，供应商 a_1 的订单比例较低，这里出现了奇怪的现象，即供应商 a_1 折扣力度小而供应商 a_2 折扣力度大时，供应商 a_1 的订单比例较高；反之，供应商 a_2 折扣力度小而供应商 a_1 折扣力度大时，供应商 a_1 的订单比例较低。这主要是由于供应商 a_2 价格更高，获得相同折扣率的情况下，其价格降低数值更大，而一旦价格降低到低于足够数额，满意度 λ 转到其他约束，订单分配方案将进一步优化其他约束，并为此选择其他价格稍高的供应商（供应商 a_4）。

各家供应商的订单分配情况验证了这一现象，供应商 a_3 和供应商 a_1 的订单比例变化趋势相似，供应商 a_4 则与它们完全相反。供应商 a_2 大多数情况下均未参与订单分配，仅在供应商 a_1 折扣力度非常小时有参与，这是由于，相较于供应商 a_1，供应商 a_3 在次品率方面具有明显优势，供应商 a_4 在单箱生产时间方面具有优势，而供应商 a_2 优势不明显，价格比供应商 a_1 稍高，只有在供应商 a_1 折扣力度非常小时，供应商 a_2 其他方面的微弱优势才能补足其价格的不足，取代供应商 a_1 的订单比例。

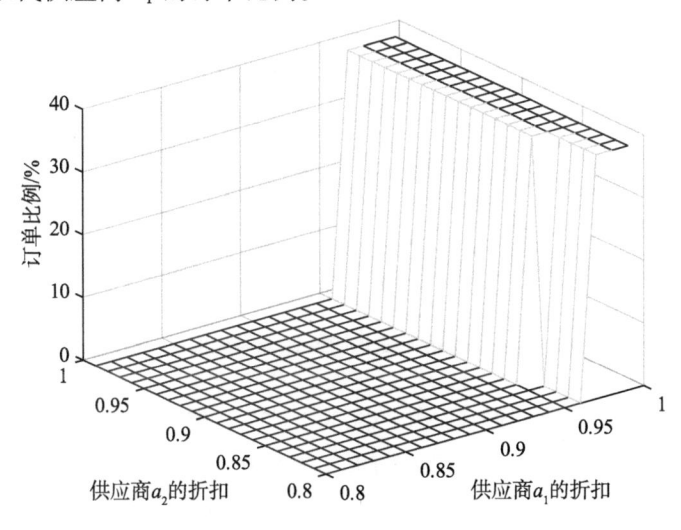

图 5-16　供应商的折扣变化时配件 2 供应商 a_2 的订单比例

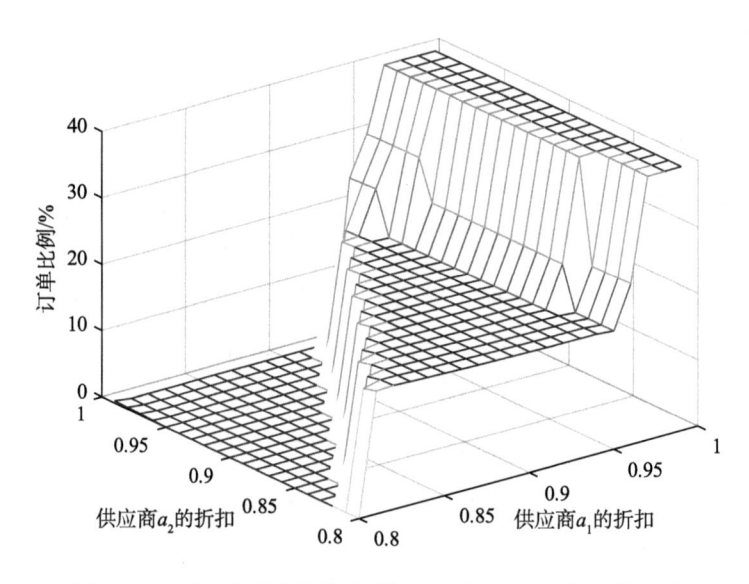

图 5-17　供应商的折扣变化时配件 2 供应商 a_3 的订单比例

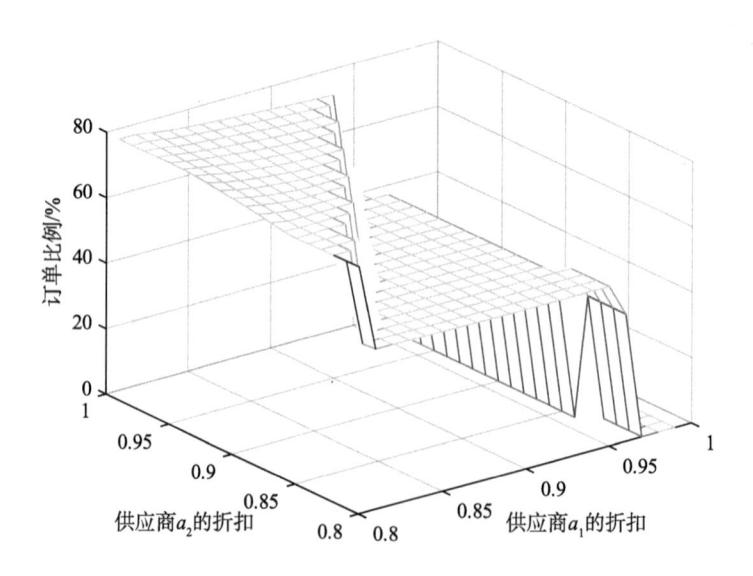

图 5-18　供应商的折扣变化时配件 2 供应商 a_4 的订单比例

可以看到，订单比例存在突然的大幅度改变，除此之外较为稳定，这是由于价格不是应急采购中特别看重的因素，因此在大多数状态下其影响较小，订单比例更多地依赖于随机因素和模糊因素来确定，但由于价格是分段函数，因此当处于价格临界点时，又往往会带来订单分配比例的突然改变。

5.5 本章小结

本章研究了应急环境下包含随机信息和模糊信息的订单分配规划模型，以及其在制造型企业应急采购中的应用。基于此，通过机会约束规划和模糊规划方法，在企业的接受范围和偏好下，寻找各标准尽可能更优的情况下总成本最低的订单分配方案。应用分析显示了该模型的可行性和有效性。

应急采购问题对交货时间有着明确的约束，然而，对于存在许多人工环节的制造企业而言，交货时间更符合具有一定期望值的随机因素，而现有优化模型往往并未着重考虑这一因素。本模型同样适用于突发自然灾害时应急救灾物资采购等领域。

6 考虑风险偏好的供应商组合选择及订单分配模型

本章进一步探索风险偏好因素对供应商组合优化的影响，并用前景理论[183]来表示损失厌恶这一因素。前景理论解释了许多行为因素是由于决策者实际上是比较方案的"前景值"和"参考点"，而不是绝对绩效。这些前景值依赖于方案和参考点的"距离"。最近，结合前景理论来处理人类行为已有许多研究[184-188]。

然而，在多准则决策问题中，不得不面对的问题是决策时前景值的多个参考点：首先，由于参考点随着各准则改变，所以一个方案会有不同的前景值；其次，即使对于某一特定准则，前景值也往往并不依赖唯一的参考点。

一个思路是我们可以在各准则下两两比较方案，以得到模拟多个参考结果的多个前景值。但如果这些前景值不能有效集结，尤其是当需要进行的比较较多时，会造成决策者在方案间犹豫。造成决策者犹豫不决的另一个原因是，由于信息的不精确和固有的模糊性，比较后的前景值（即决策者的自我判断）显然也是模糊的。因此，本书使用三角模糊数来刻画这种模糊决策环境，并用改进的可能度公式来比较这些模糊信息。

为了集结这些模糊因素，本书提出一个基于扩展 PROMETHEE[189] 的多准则决策方法，作为一种 outranking[190-194] 方法，PROMETHEE 方法旨在对不可靠的优势关系（称为 outranking 关系）排序，以从多准则[195-197]下的方案两两比较中得到排序。重要的是，其中的数学性质有利于在这种决策环境[198-200]中得出可行的决策结果。

该方法可以有效地评价供应商，在此基础上，本书尝试研究考虑风险偏好的供应商组合选择和订单分配问题。尽管在这一问题上已经针对行为因素[84,112]或模糊决策[201,202]进行了很多研究，但却很少同时考虑这两种因素的研究成果。

6.1 可能度方法和前景函数

6.1.1 可能度公式

定义 6-1 $\tilde{A}_1 = (a_1, b_1, c_1)$ 和 $\tilde{A}_2 = (a_2, b_2, c_2)$ 为两个三角模糊数，$a_i \leq b_i \leq c_i, i = 1, 2, k > 0$，那么其运算规则为

(1) $\tilde{A}_1 + \tilde{A}_2 = (a_1 + a_2, b_1 + b_2, c_1 + c_2)$

(2) $\tilde{A}_1 - \tilde{A}_2 = (a_1 - c_2, b_1 - b_2, c_1 - a_2)$

(3) $\tilde{A}_1 \cdot \tilde{A}_2 = (a_1 a_2, b_1 b_2, c_1 c_2)$

(4) $k\tilde{A}_1 = (ka_1, kb_1, kc_1)$

(5) $\tilde{A}_1^k = (a_1^k, b_1^k, c_1^k)$

定义 6-2[203,204] $\tilde{A}_1 = (a_1, b_1, c_1)$ 和 $\tilde{A}_2 = (a_2, b_2, c_2)$ 是两个三角模糊数，$a_i \leq b_i \leq c_i$，$l_i^1 = b_i - a_i$，$l_i^2 = c_i - b_i$，$i = 1, 2$，那么

$$p(\tilde{A}_1 \geq \tilde{A}_2) = \lambda \frac{\min\{l_1^1 + l_2^1, \max(b_1 - a_2, 0)\}}{l_1^1 + l_2^1} +$$

$$(1 - \lambda) \frac{\min\{l_1^2 + l_2^2, \max(c_1 - b_2, 0)\}}{l_1^2 + l_2^2}$$

称为 $\tilde{A}_1 \geq \tilde{A}_2$ 的可能度，其中 $\lambda > 0$，参数 λ 表示决策者的风险态度和行为。

可能度公式还有一些其他的表达方式，但都和上面的公式一样，在一些特定情况下会失效。当 $b_1 = a_1$，$b_2 = a_2$ 时，公式无效；当 $c_1 = b_1$，$c_2 = b_2$ 时，

亦如此。例如，$\tilde{A}_1 = (6,9,9)$，$\tilde{A}_2 = (7,8,8)$，那么 p 无解。

如果 $b_1 = a_1$ 或 $c_1 = b_1$，则它们无法形成三角模糊数 $\tilde{A}_1$，因此这些点仅可以无限接近但不能重合。基于这一思想，修改的可能度定义如下。

定义 6-3 $\tilde{A}_1 = (a_1, b_1, c_1)$ 和 $\tilde{A}_2 = (a_2, b_2, c_2)$ 为两个三角模糊数，$a_i \leq b_i \leq c_i$，$i = 1, 2$，ξ 是一个正的极小量，$l_i^1 = \lim_{\xi \to 0}(b_i - a_i + \xi)$，$l_i^2 = \lim_{\xi \to 0}(c_i - b_i + \xi)$，$l^3 = \lim_{\xi \to 0}(b_1 - a_2 + \xi)$，$l^4 = \lim_{\xi \to 0}(c_1 - b_2 + \xi)$，那么

$$p(\tilde{A}_1 \geq \tilde{A}_2) = \lambda \frac{\min\{l_1^1 + l_2^1, \max(l^3, 0)\}}{l_1^1 + l_2^1} + (1 - \lambda) \frac{\min\{l_1^2 + l_2^2, \max(l^4, 0)\}}{l_1^2 + l_2^2}$$

称为 $\tilde{A}_1 \geq \tilde{A}_2$ 的可能度公式。若 $\lambda = 0.5$，则决策者是风险中性的。本章讨论的情形为风险厌恶的决策者，即 $0 < \lambda < 0.5$。

性质 6-1 $\tilde{D} = (d, d, d)$ 是一个正的三角模糊数，$d > 0$，那么

$$p(\tilde{A}_1 \geq \tilde{A}_2) = p(\tilde{A}_1 + \tilde{D} \geq \tilde{A}_2 + \tilde{D})$$

证明： $p(\tilde{A}_1 \geq \tilde{A}_2) =$

$$\lambda \frac{\min\{l_1^1 + l_2^1, \max(l^3, 0)\}}{l_1^1 + l_2^1} + (1 - \lambda) \frac{\min\{l_1^2 + l_2^2, \max(l^4, 0)\}}{l_1^2 + l_2^2}$$

$$= \lim_{\xi \to 0} \lambda \frac{\min\{b_1 - a_1 + b_2 - a_2 + 2\xi, \max(b_1 - a_2 + \xi, 0)\}}{b_1 - a_1 + b_2 - a_2 + 2\xi} +$$

$$\lim_{\xi \to 0} (1 - \lambda) \frac{\min\{c_1 - b_1 + c_2 - b_2 + 2\xi, \max(c_1 - b_2 + \xi, 0)\}}{c_1 - b_1 + c_2 - b_2 + 2\xi}$$

根据运算规则，有

$$\tilde{A}_1 + \tilde{D} = (a_1 + d, b_1 + d, c_1 + d)，\tilde{A}_2 + \tilde{D} = (a_2 + d, b_2 + d, c_2 + d)$$

那么

$$p(\tilde{A}_1 + \tilde{D} \geq \tilde{A}_2 + \tilde{D}) =$$

$$\lim_{\xi \to 0} \lambda \frac{\min\{(b_1 + d) - (a_1 + d) + (b_2 + d) - (a_2 + d) + 2\xi, \max(b_1 + d - a_2 - d + \xi, 0)\}}{(b_1 + d) - (a_1 + d) + (b_2 + d) - (a_2 + d) + 2\xi} +$$

$$\lim_{\xi \to 0} (1 - \lambda) \frac{\min\{(c_1 + d) - (b_1 + d) + (c_2 + d) - (b_2 + d) + 2\xi, \max(c_1 + d - b_2 - d + \xi, 0)\}}{(c_1 + d) - (b_1 + d) + (c_2 + d) - (b_2 + d) + 2\xi}$$

$$= \lim_{\xi \to 0} \lambda \frac{\min\{b_1 - a_1 + b_2 - a_2 + 2\xi, \max(b_1 - a_2 + \xi, 0)\}}{b_1 - a_1 + b_2 - a_2 + 2\xi} +$$

$$\lim_{\xi \to 0}(1 - \lambda) \frac{\min\{c_1 - b_1 + c_2 - b_2 + 2\xi, \max(c_1 - b_2 + \xi, 0)\}}{c_1 - b_1 + c_2 - b_2 + 2\xi}$$

$$= p(\tilde{A}_1 \geqslant \tilde{A}_2)$$

性质6-2 可能度公式中，有 $0 \leqslant p(\tilde{A}_1 \geqslant \tilde{A}_2) \leqslant 1$ 和 $p(\tilde{A}_1 \geqslant \tilde{A}_1) = 0.5$。

证明：

$$p(\tilde{A}_1 \geqslant \tilde{A}_2) = \lim_{\xi \to 0} \lambda \frac{\min\{b_1 - a_1 + b_2 - a_2 + 2\xi, \max(b_1 - a_2 + \xi, 0)\}}{b_1 - a_1 + b_2 - a_2 + 2\xi} +$$

$$\lim_{\xi \to 0}(1 - \lambda) \frac{\min\{c_1 - b_1 + c_2 - b_2 + 2\xi, \max(c_1 - b_2 + \xi, 0)\}}{c_1 - b_1 + c_2 - b_2 + 2\xi}$$

$$\max(b_1 - a_2 + \xi, 0) \geqslant 0$$

$$\max(c_1 - b_2 + \xi, 0) \geqslant 0, c_1 \geqslant b_1 \geqslant a_1, c_2 \geqslant b_2 \geqslant a_2, \lambda \geqslant 0$$

即

$$\lim_{\xi \to 0} \lambda \frac{\min\{b_1 - a_1 + b_2 - a_2 + 2\xi, \max(b_1 - a_2 + \xi, 0)\}}{b_1 - a_1 + b_2 - a_2 + 2\xi} \geqslant 0$$

$$\lim_{\xi \to 0}(1 - \lambda) \frac{\min\{c_1 - b_1 + c_2 - b_2 + 2\xi, \max(c_1 - b_2 + \xi, 0)\}}{c_1 - b_1 + c_2 - b_2 + 2\xi} \geqslant 0$$

那么

$$p(\tilde{A}_1 \geqslant \tilde{A}_2) \geqslant 0$$

$$p(\tilde{A}_1 \geqslant \tilde{A}_2) = \lim_{\xi \to 0} \lambda \frac{\min\{b_1 - a_1 + b_2 - a_2 + 2\xi, \max(b_1 - a_2 + \xi, 0)\}}{b_1 - a_1 + b_2 - a_2 + 2\xi} +$$

$$\lim_{\xi \to 0}(1 - \lambda) \frac{\min\{c_1 - b_1 + c_2 - b_2 + 2\xi, \max(c_1 - b_2 + \xi, 0)\}}{c_1 - b_1 + c_2 - b_2 + 2\xi}$$

$$\lim_{\xi \to 0} \min\{b_1 - a_1 + b_2 - a_2 + 2\xi, \max(b_1 - a_2 + \xi, 0)\}$$

$$\leqslant \lim_{\xi \to 0}(b_1 - a_1 + b_2 - a_2 + 2\xi)$$

$$\lim_{\xi \to 0} \min\{c_1 - b_1 + c_2 - b_2 + 2\xi, \max(c_1 - b_2 + \xi, 0)\}$$

$$\leqslant \lim_{\xi \to 0}(c_1 - b_1 + c_2 - b_2 + 2\xi)$$

即

$$\lim_{\xi \to 0} \frac{\min\{b_1 - a_1 + b_2 - a_2 + 2\xi, \max(b_1 - a_2 + \xi, 0)\}}{b_1 - a_1 + b_2 - a_2 + 2\xi} \leq 1$$

$$\lim_{\xi \to 0} \frac{\min\{c_1 - b_1 + c_2 - b_2 + 2\xi, \max(c_1 - b_2 + \xi, 0)\}}{c_1 - b_1 + c_2 - b_2 + 2\xi} \leq 1$$

那么

$$\lim_{\xi \to 0} \lambda \frac{\min\{b_1 - a_1 + b_2 - a_2 + 2\xi, \max(b_1 - a_2 + \xi, 0)\}}{b_1 - a_1 + b_2 - a_2 + 2\xi} +$$

$$\lim_{\xi \to 0} (1 - \lambda) \frac{\min\{c_1 - b_1 + c_2 - b_2 + 2\xi, \max(c_1 - b_2 + \xi, 0)\}}{c_1 - b_1 + c_2 - b_2 + 2\xi} \leq 1$$

那么

$$p(\tilde{A}_1 \geq \tilde{A}_2) \leq 1$$

因此

$$0 \leq p(\tilde{A}_1 \geq \tilde{A}_2) \leq 1$$

$$p(\tilde{A}_1 \geq \tilde{A}_2) =$$

$$\lim_{\xi \to 0} \left\{ \lambda \frac{\min\{2(b_1 - a_1 + \xi), \max(b_1 - a_1 + \xi, 0)\}}{2(b_1 - a_1 + \xi)} + \right.$$

$$\left. (1 - \lambda) \frac{\min\{2(c_1 - b_1 + \xi), \max(c_1 - b_1 + \xi, 0)\}}{2(c_1 - b_1 + \xi)} \right\}$$

$$= \lim_{\xi \to 0} \left\{ \lambda \frac{\min\{2(b_1 - a_1 + \xi), b_1 - a_1 + \xi\}}{2(b_1 - a_1 + \xi)} + \right.$$

$$\left. (1 - \lambda) \frac{\min\{2(c_1 - b_1 + \xi), c_1 - b_1 + \xi\}}{2(c_1 - b_1 + \xi)} \right\}$$

$$= \lim_{\xi \to 0} \left\{ \lambda \frac{b_1 - a_1 + \xi}{2(b_1 - a_1 + \xi)} + (1 - \lambda) \frac{c_1 - b_1 + \xi}{2(c_1 - b_1 + \xi)} \right\}$$

$$= \lim_{\xi \to 0} \left\{ \lambda \frac{1}{2} + (1 - \lambda) \frac{1}{2} \right\} = 0.5$$

性质 6-3 可能度公式中，有 $p(\tilde{A}_1 \geq \tilde{A}_2) + p(\tilde{A}_2 \geq \tilde{A}_1) = 1$。

证明：令 $l_1^3 = \lim_{\xi \to 0}(b_2 - a_1 + \xi)$，$l_1^4 = \lim_{\xi \to 0}(c_2 - b_1 + \xi)$，那么

$$p(\tilde{A}_1 \geqslant \tilde{A}_2) = \lambda \frac{\min\{l_1^1 + l_2^1, \max(l^3, 0)\}}{l_1^1 + l_2^1} +$$

$$(1 - \lambda) \frac{\min\{l_1^2 + l_2^2, \max(l^4, 0)\}}{l_1^2 + l_2^2}$$

$$p(\tilde{A}_2 \geqslant \tilde{A}_1) = \lambda \frac{\min\{l_2^1 + l_1^1, \max(l_1^3, 0)\}}{l_2^1 + l_1^1} + (1 - \lambda) \frac{\min\{l_2^2 + l_1^2, \max(l_1^4, 0)\}}{l_2^2 + l_1^2}$$

$$p(\tilde{A}_1 \geqslant \tilde{A}_2) + p(\tilde{A}_2 \geqslant \tilde{A}_1) =$$

$$\lambda \frac{\min\{l_1^1 + l_2^1, \max(l^3, 0)\}}{l_1^1 + l_2^1} + (1 - \lambda) \frac{\min\{l_1^2 + l_2^2, \max(l^4, 0)\}}{l_1^2 + l_2^2} +$$

$$\lambda \frac{\min\{l_2^1 + l_1^1, \max(l_1^3, 0)\}}{l_2^1 + l_1^1} + (1 - \lambda) \frac{\min\{l_2^2 + l_1^2, \max(l_1^4, 0)\}}{l_2^2 + l_1^2}$$

$$= \lambda \frac{\min\{l_1^1 + l_2^1, \max(l^3, 0)\} + \min\{l_2^1 + l_1^1, \max(l_1^3, 0)\}}{l_1^1 + l_2^1} +$$

$$(1 - \lambda) \frac{\min\{l_1^2 + l_2^2, \max(l^4, 0)\} + \min\{l_2^2 + l_1^2, \max(l_1^4, 0)\}}{l_1^2 + l_2^2}$$

$$= \lim_{\xi \to 0} \frac{\lambda \min\{b_1 - a_1 + b_2 - a_2 + 2\xi, \max(b_1 - a_2 + \xi, 0)\}}{b_1 - a_1 + b_2 - a_2 + 2\xi} +$$

$$\lim_{\xi \to 0} \frac{\lambda \min\{b_2 - a_2 + b_1 - a_1 + 2\xi, \max(b_2 - a_1 + \xi, 0)\}}{b_1 - a_1 + b_2 - a_2 + 2\xi} +$$

$$\lim_{\xi \to 0} \frac{(1 - \lambda) \min\{c_1 - b_1 + c_2 - b_2 + 2\xi, \max(c_1 - b_2 + \xi, 0)\}}{c_1 - b_1 + c_2 - b_2 + 2\xi} +$$

$$\lim_{\xi \to 0} \frac{(1 - \lambda) \min\{c_2 - b_2 + c_1 - b_1 + 2\xi, \max(c_2 - b_1 + \xi, 0)\}}{c_1 - b_1 + c_2 - b_2 + 2\xi}$$

由于 $a_1 \leqslant b_1 \leqslant c_1$，$a_2 \leqslant b_2 \leqslant c_2$，下面分类讨论。

（1）若 $b_1 < a_2$，$c_1 < b_2$，那么 $b_2 > a_1$，$c_2 > b_1$，则

$$p(\tilde{A}_1 \geqslant \tilde{A}_2) + p(\tilde{A}_2 \geqslant \tilde{A}_1) =$$

$$\lim_{\xi \to 0} \lambda \frac{\min\{b_1 - a_1 + b_2 - a_2 + 2\xi, 0\} + \min\{b_2 - a_2 + b_1 - a_1 + 2\xi, b_2 - a_1 + \xi\}}{b_1 - a_1 + b_2 - a_2 + 2\xi} +$$

$$\lim_{\xi \to 0}(1 - \lambda) \frac{\min\{c_1 - b_1 + c_2 - b_2 + 2\xi, 0\} + \min\{c_2 - b_2 + c_1 - b_1 + 2\xi, c_2 - b_1 + \xi\}}{c_1 - b_1 + c_2 - b_2 + 2\xi}$$

$$= \lim_{\xi \to 0} \lambda \frac{0 + \min\{b_2 - a_1 + b_1 - a_2 + 2\xi, b_2 - a_1 + \xi\}}{b_1 - a_1 + b_2 - a_2 + 2\xi} +$$

$$\lim_{\xi \to 0}(1 - \lambda) \frac{0 + \min\{c_2 - b_1 + c_1 - b_2 + 2\xi, c_2 - b_1 + \xi\}}{c_1 - b_1 + c_2 - b_2 + 2\xi}$$

$$= \lim_{\xi \to 0} \lambda \frac{0 + b_2 - a_1 + b_1 - a_2 + 2\xi}{b_1 - a_1 + b_2 - a_2 + 2\xi} + \lim_{\xi \to 0}(1 - \lambda) \frac{0 + c_2 - b_1 + c_1 - b_2 + 2\xi}{c_1 - b_1 + c_2 - b_2 + 2\xi}$$

$$= \lim_{\xi \to 0} \lambda \frac{b_1 + b_2 - a_1 - a_2 + 2\xi}{b_1 + b_2 - a_1 - a_2 + 2\xi} + \lim_{\xi \to 0}(1 - \lambda) \frac{c_1 + c_2 - b_1 - b_2 + 2\xi}{c_1 + c_2 - b_1 - b_2 + 2\xi}$$

$$= \lambda + (1 - \lambda) = 1$$

(2) 若 $b_1 < a_2$，$c_1 \geq b_2$，那么 $b_2 > a_1$，$c_2 > b_1$，则

$$p(\tilde{A}_1 \geq \tilde{A}_2) + p(\tilde{A}_2 \geq \tilde{A}_1) =$$

$$\lim_{\xi \to 0} \lambda \frac{\min\{b_1 - a_1 + b_2 - a_2 + 2\xi, 0\} + \min\{b_2 - a_2 + b_1 - a_1 + 2\xi, b_2 - a_1 + \xi\}}{b_1 - a_1 + b_2 - a_2 + 2\xi} +$$

$$\lim_{\xi \to 0}(1 - \lambda) \frac{\min\{c_1 - b_1 + c_2 - b_2 + 2\xi, c_1 - b_2 + \xi\} + \min\{c_2 - b_2 + c_1 - b_1 + 2\xi, c_2 - b_1 + \xi\}}{c_1 - b_1 + c_2 - b_2 + 2\xi}$$

$$= \lim_{\xi \to 0} \lambda \frac{0 + \min\{b_2 - a_1 + b_1 - a_2 + 2\xi, b_2 - a_1 + \xi\}}{b_1 - a_1 + b_2 - a_2 + 2\xi} +$$

$$\lim_{\xi \to 0}(1 - \lambda) \frac{\min\{c_1 - b_2 + c_2 - b_1 + 2\xi, c_1 - b_2 + \xi\} + \min\{c_2 - b_1 + c_1 - b_2 + 2\xi, c_2 - b_1 + \xi\}}{c_1 - b_1 + c_2 - b_2 + 2\xi}$$

$$= \lim_{\xi \to 0} \lambda \frac{0 + b_2 - a_1 + b_1 - a_2 + 2\xi}{b_1 - a_1 + b_2 - a_2 + 2\xi} + \lim_{\xi \to 0}(1 - \lambda) \frac{c_1 - b_2 + \xi + c_2 - b_1 + \xi}{c_1 - b_1 + c_2 - b_2 + 2\xi}$$

$$= \lim_{\xi \to 0} \lambda \frac{b_1 + b_2 - a_1 - a_2 + 2\xi}{b_1 + b_2 - a_1 - a_2 + 2\xi} + \lim_{\xi \to 0}(1 - \lambda) \frac{c_1 + c_2 - b_1 - b_2 + 2\xi}{c_1 + c_2 - b_1 - b_2 + 2\xi}$$

$$= \lambda + (1 - \lambda) = 1$$

(3) 若 $b_1 \geq a_2$，$c_1 \geq b_2$，$c_2 \geq b_1$，那么 $b_2 \geq a_1$，则

$$p(\tilde{A}_1 \geq \tilde{A}_2) + p(\tilde{A}_2 \geq \tilde{A}_1) =$$

$$\lim_{\xi \to 0} \lambda \frac{\min\{b_1 - a_1 + b_2 - a_2 + 2\xi, b_1 - a_2 + \xi\} + \min\{b_2 - a_2 + b_1 - a_1 + 2\xi, b_2 - a_1 + \xi\}}{b_1 - a_1 + b_2 - a_2 + 2\xi} +$$

$$\lim_{\xi \to 0}(1 - \lambda) \frac{\min\{c_1 - b_1 + c_2 - b_2 + 2\xi, c_1 - b_2 + \xi\} + \min\{c_2 - b_2 + c_1 - b_1 + 2\xi, c_2 - b_1 + \xi\}}{c_1 - b_1 + c_2 - b_2 + 2\xi}$$

$$= \lim_{\xi \to 0} \lambda \frac{\min\{b_1 - a_2 + b_2 - a_1 + 2\xi, b_1 - a_2 + \xi\} + \min\{b_2 - a_1 + b_1 - a_2 + 2\xi, b_2 - a_1 + \xi\}}{b_1 - a_1 + b_2 - a_2 + 2\xi} +$$

$$\lim_{\xi \to 0}(1 - \lambda) \frac{\min\{c_1 - b_2 + c_2 - b_1 + 2\xi, c_1 - b_2 + \xi\} + \min\{c_2 - b_1 + c_1 - b_2 + 2\xi, c_2 - b_1 + \xi\}}{c_1 - b_1 + c_2 - b_2 + 2\xi}$$

$$= \lim_{\xi \to 0} \lambda \frac{b_1 - a_2 + \xi + b_2 - a_1 + \xi}{b_1 - a_1 + b_2 - a_2 + 2\xi} + \lim_{\xi \to 0}(1 - \lambda) \frac{c_1 - b_2 + \xi + c_2 - b_1 + \xi}{c_1 - b_1 + c_2 - b_2 + 2\xi}$$

$$= \lim_{\xi \to 0} \lambda \frac{b_1 - a_1 + b_2 - a_2 + 2\xi}{b_1 - a_1 + b_2 - a_2 + 2\xi} + \lim_{\xi \to 0}(1 - \lambda) \frac{c_1 - b_1 + c_2 - b_2 + 2\xi}{c_1 - b_1 + c_2 - b_2 + 2\xi}$$

$$= \lambda + (1 - \lambda) = 1$$

(4) 若 $b_1 \geq a_2$，$c_1 \geq b_2$，$c_2 < b_1$，$b_2 \geq a_1$，则

$$p(\tilde{A}_1 \geq \tilde{A}_2) + p(\tilde{A}_2 \geq \tilde{A}_1) =$$

$$\lim_{\xi \to 0} \lambda \frac{\min\{b_1 - a_1 + b_2 - a_2 + 2\xi, b_1 - a_2 + \xi\} + \min\{b_2 - a_2 + b_1 - a_1 + 2\xi, b_2 - a_1 + \xi\}}{b_1 - a_1 + b_2 - a_2 + 2\xi} +$$

$$\lim_{\xi \to 0}(1 - \lambda) \frac{\min\{c_1 - b_1 + c_2 - b_2 + 2\xi, c_1 - b_2 + \xi\} + \min\{c_2 - b_2 + c_1 - b_1 + 2\xi, 0\}}{c_1 - b_1 + c_2 - b_2 + 2\xi}$$

$$= \lim_{\xi \to 0} \lambda \frac{\min\{b_1 - a_2 + b_2 - a_1 + 2\xi, b_1 - a_2 + \xi\} + \min\{b_2 - a_1 + b_1 - a_2 + 2\xi, b_2 - a_1 + \xi\}}{b_1 - a_1 + b_2 - a_2 + 2\xi} +$$

$$\lim_{\xi \to 0}(1 - \lambda) \frac{\min\{c_1 - b_2 + c_2 - b_1 + 2\xi, c_1 - b_2 + \xi\} + 0}{c_1 - b_1 + c_2 - b_2 + 2\xi}$$

$$= \lim_{\xi \to 0} \lambda \frac{b_1 - a_2 + \xi + b_2 - a_1 + \xi}{b_1 - a_1 + b_2 - a_2 + 2\xi} + \lim_{\xi \to 0}(1 - \lambda) \frac{c_1 - b_2 + c_2 - b_1 + 2\xi + 0}{c_1 - b_1 + c_2 - b_2 + 2\xi}$$

$$= \lim_{\xi \to 0} \lambda \frac{b_1 - a_1 + b_2 - a_2 + 2\xi}{b_1 - a_1 + b_2 - a_2 + 2\xi} + \lim_{\xi \to 0}(1 - \lambda) \frac{c_1 - b_1 + c_2 - b_2 + 2\xi}{c_1 - b_1 + c_2 - b_2 + 2\xi}$$

$$= \lambda + (1 - \lambda) = 1$$

(5) 若 $b_1 \geq a_2$，$c_1 \geq b_2$，$c_2 < b_1$，$b_2 < a_1$，则

$$p(\tilde{A}_1 \geq \tilde{A}_2) + p(\tilde{A}_2 \geq \tilde{A}_1) =$$

$$\lim_{\xi \to 0} \lambda \frac{\min\{b_1 - a_2 + b_2 - a_1 + 2\xi, b_1 - a_2 + \xi\} + \min\{b_2 - a_2 + b_1 - a_1 + 2\xi, 0\}}{b_1 - a_1 + b_2 - a_2 + 2\xi} +$$

$$\lim_{\xi \to 0}(1 - \lambda) \frac{\min\{c_1 - b_2 + c_2 - b_1 + 2\xi, c_1 - b_2 + \xi\} + \min\{c_2 - b_2 + c_1 - b_1 + 2\xi, 0\}}{c_1 - b_1 + c_2 - b_2 + 2\xi}$$

$$= \lim_{\xi \to 0} \lambda \frac{b_1 - a_2 + b_2 - a_1 + 2\xi + 0}{b_1 - a_1 + b_2 - a_2 + 2\xi} + \lim_{\xi \to 0}(1 - \lambda) \frac{c_1 - b_2 + c_2 - b_1 + 2\xi + 0}{c_1 - b_1 + c_2 - b_2 + 2\xi}$$

$$= \lim_{\xi \to 0} \lambda \frac{b_1 - a_1 + b_2 - a_2 + 2\xi}{b_1 - a_1 + b_2 - a_2 + 2\xi} + \lim_{\xi \to 0}(1 - \lambda) \frac{c_1 - b_1 + c_2 - b_2 + 2\xi}{c_1 - b_1 + c_2 - b_2 + 2\xi}$$

$$= \lambda + (1 - \lambda) = 1$$

(6) 若 $b_1 \geq a_2$，$c_1 < b_2$，那么 $b_2 > a_1$，$c_2 > b_1$，则

$$p(\tilde{A}_1 \geq \tilde{A}_2) + p(\tilde{A}_2 \geq \tilde{A}_1) =$$

$$\lim_{\xi \to 0} \lambda \frac{\min\{b_1 - a_2 + b_2 - a_1 + 2\xi, b_1 - a_2 + \xi\} + \min\{b_2 - a_1 + b_1 - a_2 + 2\xi, b_2 - a_1 + \xi\}}{b_1 - a_1 + b_2 - a_2 + 2\xi} +$$

$$\lim_{\xi \to 0}(1 - \lambda) \frac{\min\{c_1 - b_1 + c_2 - b_2 + 2\xi, 0\} + \min\{c_2 - b_1 + c_1 - b_2 + 2\xi, c_2 - b_1 + \xi\}}{c_1 - b_1 + c_2 - b_2 + 2\xi}$$

$$= \lim_{\xi \to 0} \lambda \frac{b_1 - a_2 + \xi + b_2 - a_1 + \xi}{b_1 - a_1 + b_2 - a_2 + 2\xi} + \lim_{\xi \to 0}(1 - \lambda) \frac{0 + c_2 - b_1 + c_1 - b_2 + 2\xi}{c_1 - b_1 + c_2 - b_2 + 2\xi}$$

$$= \lim_{\xi \to 0} \lambda \frac{b_1 - a_1 + b_2 - a_2 + 2\xi}{b_1 - a_1 + b_2 - a_2 + 2\xi} + \lim_{\xi \to 0}(1 - \lambda) \frac{c_1 - b_1 + c_2 - b_2 + 2\xi}{c_1 - b_1 + c_2 - b_2 + 2\xi}$$

$$= \lambda + (1 - \lambda) = 1$$

6.1.2 前景函数

在决策过程中，除了信息的模糊性，决策者的行为也同样重要。前景理论描述了风险和不确定信息下决策者的行为。它包含两个阶段：在编辑阶段，结果由参考点表示；在评价阶段，根据前景函数计算前景值，然后，选出前景值最高的方案。前景依赖于方案和参考点间的"距离"。因此，可以定义一种通过测度这种距离来表示前景值的函数，称之为前景函数。

定义6-4 Tversky[183,205] 提出了一个前景函数：

$$v(x) = \begin{cases} x^\alpha, & x \geq 0 \\ -\lambda(-x)^\beta, & x < 0 \end{cases}$$

其中，$0 \leq \alpha, \beta \leq 1$，$\lambda$ 表示风险厌恶，$\lambda > 1$。α 和 β 越小，决策者风险厌恶程度越高。根据Kahneman等[205,206]的研究，$\alpha = \beta = 0.88$，$\lambda = 2.25$。

6.2 考虑风险偏好的供应商选择模型

6.2.1 供应商选择模型

考虑风险偏好的供应商优化与前几章供应商优化的本质区别在于对供应商的评价不同，因此本章的研究重点即为损失厌恶情境下的供应商评价和选择方法。多准则决策方法是评价供应商的一种有效方法，因此可在其基础上提出考虑风险偏好的供应商评价和选择方法。

假设有 m 个方案 $A = \{A_1, A_2, \cdots, A_m\}$，$n$ 个准则 $C = \{C_1, C_2, \cdots, C_n\}$，权重 $\boldsymbol{\eta} = (\eta_1, \eta_2, \cdots, \eta_n)^T$，$\eta_j \in [0,1]$，$\sum_{j=1}^{n} \eta_j = 1$。判断矩阵 $\tilde{\boldsymbol{A}} = (\tilde{A}_{ij})_{m \times n}$，$\tilde{A}_{ij}$

为三角模糊数。试选出最佳方案,步骤如下。

步骤1：计算标准化决策矩阵。

将 $\tilde{A} = [a_{ij}^1, a_{ij}^2, a_{ij}^3]$ 转化为标准化决策矩阵 $\tilde{r} = [r_{ij}^1, r_{ij}^2, r_{ij}^3]$。

效益型准则：$r_{ij}^k = \dfrac{a_{ij}^k - \min\limits_j a_{ij}^1}{\max\limits_j a_{ij}^3 - \min\limits_j a_{ij}^1}$

成本型准则：$r_{ij}^k = \dfrac{\max\limits_j a_{ij}^3 - a_{ij}^k}{\max\limits_j a_{ij}^3 - \min\limits_j a_{ij}^1}$

步骤2：确定各准则下的理想方案 $\tilde{A}_j^*$。此处选择最大值（1，1，1）为理想方案。

步骤3：计算各方案的前景值 $\tilde{V}_{ij}$，得到前景矩阵 $\tilde{\tilde{V}}$。

这里考虑决策者可能产生的风险厌恶程度，即比较各方案和理想方案 $\tilde{A}_j^*$ 间的差距。理想方案是完全不会后悔的方案。因此，当进行比较时，方案与理想方案间的差距越小，表示该方案越优。即 $\tilde{x} = \tilde{A}_{ij} - \tilde{A}_j^* < 0$，因此，$v(x) = -\lambda(-\tilde{x})^\beta$，前景值 $\tilde{V}_{ij}$ 为

$$\tilde{V}_{ij} = -2.25[-(\tilde{A}_{ij} - \tilde{A}_j^*)]^\beta$$

$\tilde{V}_{ij}$ 表示了各方案和理想方案间的距离，因此其越接近于0越优。同时，当计算可能度时，常数 2.25 不影响比较结果，因此 $\tilde{V}_{ij}$ 可定义为

$$\tilde{V}_{ij} = [-(\tilde{A}_{ij} - \tilde{A}_j^*)]^{0.88}$$

$\tilde{V}_{ij}$ 越小，表示决策者感受到的风险厌恶程度越小，方案越优。鉴于风险厌恶程度是主观的，其权重以模糊数形式表示更为合理。因此前景矩阵为 $\tilde{\tilde{V}} = [\tilde{V}_{ij}]_{m \times n}$。

步骤4：基于前景矩阵，计算方案 A_{sj} 和方案 A_{tj} 的偏好函数 $P(\tilde{A}_{sj}, \tilde{A}_{tj})$。

为了得到偏好函数 $P(\tilde{A}_{sj}, \tilde{A}_{tj})$，首先计算各方案的可能度矩阵 $p(\tilde{A}_{sj}, \tilde{A}_{tj})$。可能度表示一个三角模糊数比另一个大的可能性。如果该三角模糊数表示方案

的效用，它反映了一个方案比另一个方案好的可能性。因此 $P(\tilde{A}_{sj},\tilde{A}_{tj})$ 可以定义为 $p(\tilde{A}_{sj},\tilde{A}_{tj})$。

步骤 5：计算任两个方案 A_s 和 A_t 的总偏好指数 $\Pi(\tilde{A}_s,\tilde{A}_t)$。

$$\Pi(\tilde{A}_s,\tilde{A}_t) = \sum_{j=1}^{n} \eta_j P(\tilde{A}_{sj},\tilde{A}_{tj})$$

那么，$\Pi(\tilde{A}_t,\tilde{A}_s) = \sum_{j=1}^{n} \eta_j P(\tilde{A}_{tj},\tilde{A}_{sj})$。

步骤 6：计算方案 A_i 的流出 $\Phi^+(\tilde{A}_i)$ 和流入 $\Phi^-(\tilde{A}_i)$。

$$\Phi^+(\tilde{A}_i) = \sum_{s=1}^{m} \Pi(\tilde{A}_i,\tilde{A}_s) ; \Phi^-(\tilde{A}_i) = \sum_{s=1}^{m} \Pi(\tilde{A}_s,\tilde{A}_i)$$

步骤 7：计算方案 A_i 的净流 $\Phi(\tilde{A}_i)$。

$$\Phi(\tilde{A}_i) = \Phi^+(\tilde{A}_i) - \Phi^-(\tilde{A}_i)$$

步骤 8：计算 $\Phi(\tilde{A}_i)$ 的可能度。如果 $\Phi(\tilde{A}_i)$ 中有负数，可通过加上一个正数 $\tilde{D} = (d,d,d)$ 平移该数。

步骤 9：对 $\Phi(\tilde{A}_i)$ 的可能度进行升序排序，该值越小，方案越优，进而得到方案排序。

以上步骤可以得出对供应商的总体评价及排序，在此基础上，即可以选择合适数量的供应商组成备选供应商，并对其进行订单分配。

6.2.2 案例分析

本部分通过修改参考文献［19］中的案例来阐明上述评价方法。该案例中以一个巴西电子企业为例。该企业拥有将近 4000 名员工，主要生产电子产品，如笔记本电脑、平板电脑、台式电脑等。该企业希望响应顾客的需求，使最终产品更轻便、更环保。因此，企业管理者需要选择符合企业目标的供应商，12 家供应商初步符合条件留待进一步筛选，主要考虑 11 个准则，见表 6-1。

表6-1 准则及权重

准则	内容	权重
C_1	高层管理者对绿色供应链管理的认可	(0.76, 0.85, 0.95)
C_2	产品设计可以降低有毒有害原料的使用	(0.60, 0.87, 1.00)
C_3	环境法规的遵守程度	(0.36, 0.70, 0.90)
C_4	ISO 14001 认证	(0.55, 0.75, 0.90)
C_5	在选择供应商时考虑了环境因素	(0.55, 0.75, 0.90)
C_6	和供应商一起实现环保目标	(0.55, 0.75, 0.90)
C_7	对供应商内在环境管理的评价	(0.60, 0.80, 1.00)
C_8	剩余原料和淘汰设备的销售	(0.49, 0.68, 0.80)
C_9	和客户一起进行环保设计	(0.76, 0.85, 0.95)
C_{10}	和客户一起使产品更环保	(0.60, 0.87, 1.00)
C_{11}	和客户一起使用环保包装	(0.36, 0.60, 0.90)

在参考文献[19]中，决策矩阵由三位决策者给出，并计算出各准则下的一个模糊集结权重，计算后的模糊集结矩阵即为标准化矩阵。如果使用不同的标准化方法，结果将会受到影响，因此使用标准化矩阵作为初始决策矩阵，见表6-2，并使用上述方法来解决该问题。

表6-2 决策矩阵

方案	C_1	C_2	C_3	C_4
A_1	(0.00, 0.22, 0.67)	(0.00, 0.00, 0.10)	(0.00, 0.00, 0.09)	(0.00, 0.03, 0.27)
A_2	(0.48, 0.79, 0.95)	(0.90, 0.95, 1.00)	(0.81, 0.90, 0.90)	(0.63, 0.83, 0.90)
A_3	(0.86, 0.95, 0.95)	(0.90, 0.95, 1.00)	(0.81, 0.90, 0.90)	(0.80, 0.90, 0.90)
A_4	(0.86, 0.95, 0.95)	(0.30, 0.83, 1.00)	(0.63, 0.81, 0.90)	(0.80, 0.90, 0.90)
A_5	(0.48, 0.79, 0.95)	(0.50, 0.83, 1.00)	(0.00, 0.21, 0.63)	(0.00, 0.03, 0.27)
A_6	(0.00, 0.22, 0.67)	(0.00, 0.00, 0.10)	(0.27, 0.51, 0.81)	(0.00, 0.03, 0.27)
A_7	(0.66, 0.92, 0.95)	(0.90, 0.95, 1.00)	(0.81, 0.90, 0.90)	(0.80, 0.90, 0.90)
A_8	(0.48, 0.79, 0.95)	(0.90, 0.95, 1.00)	(0.81, 0.90, 0.90)	(0.63, 0.83, 0.90)

续表

方案	C_5	C_6	C_7	C_8
A_1	(0.00, 0.07, 0.27)	(0.00, 0.12, 0.45)	(0.00, 0.03, 0.30)	(0.00, 0.00, 0.00)
A_2	(0.45, 0.75, 0.90)	(0.27, 0.51, 0.80)	(0.90, 1.00, 1.00)	(0.00, 0.00, 0.00)
A_3	(0.45, 0.75, 0.90)	(0.45, 0.75, 0.90)	(0.00, 0.23, 0.50)	(0.00, 0.00, 0.00)
A_4	(0.80, 0.90, 0.90)	(0.45, 0.75, 0.90)	(0.30, 0.50, 0.70)	(0.00, 0.00, 0.00)
A_5	(0.10, 0.51, 0.80)	(0.27, 0.51, 0.80)	(0.00, 0.23, 0.50)	(0.00, 0.00, 0.00)
A_6	(0.00, 0.06, 0.27)	(0.00, 0.12, 0.45)	(0.00, 0.03, 0.30)	(0.00, 0.00, 0.00)
A_7	(0.63, 0.87, 0.90)	(0.63, 0.87, 0.90)	(0.70, 0.97, 1.00)	(0.00, 0.00, 0.00)
A_8	(0.00, 0.21, 0.63)	(0.00, 0.12, 0.45)	(0.10, 0.30, 0.50)	(0.00, 0.00, 0.00)

方案	C_9	C_{10}	C_{11}	
A_1	(0.00, 0.10, 0.29)	(0.00, 0.00, 0.10)	(0.00, 0.03, 0.27)	
A_2	(0.86, 0.95, 0.95)	(0.90, 0.95, 1.00)	(0.27, 0.69, 0.90)	
A_3	(0.48, 0.79, 0.95)	(0.90, 0.95, 1.00)	(0.27, 0.57, 0.81)	
A_4	(0.86, 0.95, 0.95)	(0.90, 0.95, 1.00)	(0.81, 0.90, 0.90)	
A_5	(0.48, 0.79, 0.95)	(0.10, 0.50, 0.90)	(0.00, 0.21, 0.63)	
A_6	(0.10, 0.48, 0.86)	(0.10, 0.50, 0.90)	(0.00, 0.00, 0.09)	
A_7	(0.86, 0.95, 0.95)	(0.90, 0.95, 1.00)	(0.00, 0.00, 0.09)	
A_8	(0.10, 0.48, 0.86)	(0.90, 0.95, 1.00)	(0.81, 0.90, 0.90)	

步骤1：计算标准化决策矩阵，本例中使用的初始矩阵即为标准化决策矩阵。

步骤2：确定理想方案 $\tilde{A}_j^*$，选择最大值 (1, 1, 1) 为理想方案。

步骤3：计算各方案的前景值 $\tilde{V}_{ij}$，结果见表6-3。

6 考虑风险偏好的供应商组合选择及订单分配模型

表6-3 前景值

方案	C_1	C_2	C_3	C_4	C_5	C_6
A_1	(0.35,0.79,1.00)	(0.91,1.00,1.00)	(0.91,1.00,1.00)	(0.73,0.97,1.00)	(0.73,0.94,1.00)	(0.54,0.88,1.00)
A_2	(0.00,0.21,0.54)	(0.00,0.00,0.13)	(0.00,0.00,0.13)	(0.00,0.09,0.35)	(0.00,0.21,0.54)	(0.13,0.48,0.73)
A_3	(0.00,0.00,0.13)	(0.00,0.00,0.13)	(0.00,0.00,0.13)	(0.00,0.00,0.13)	(0.00,0.21,0.54)	(0.00,0.21,0.54)
A_4	(0.00,0.00,0.13)	(0.00,0.21,0.73)	(0.00,0.13,0.35)	(0.00,0.00,0.13)	(0.00,0.00,0.13)	(0.00,0.21,0.54)
A_5	(0.00,0.21,0.54)	(0.00,0.21,0.54)	(0.35,0.79,1.00)	(0.73,0.97,1.00)	(0.13,0.48,0.91)	(0.13,0.48,0.73)
A_6	(0.35,0.79,1.00)	(0.91,1.00,1.00)	(0.13,0.48,0.73)	(0.73,0.97,1.00)	(0.73,0.94,1.00)	(0.54,0.88,1.00)
A_7	(0.00,0.05,0.35)	(0.00,0.00,0.13)	(0.00,0.00,0.13)	(0.00,0.09,0.35)	(0.00,0.05,0.35)	(0.00,0.05,0.35)
A_8	(0.00,0.21,0.54)	(0.00,0.00,0.13)	(0.00,0.00,0.13)	(0.00,0.09,0.35)	(0.35,0.79,1.00)	(0.54,0.88,1.00)

方案	C_7	C_8	C_9	C_{10}	C_{11}	
A_1	(0.73,0.97,1.00)	(1.00,1.00,1.00)	(0.73,0.91,1.00)	(0.91,1.00,1.00)	(0.73,0.97,1.00)	
A_2	(0.00,0.00,0.13)	(1.00,1.00,1.00)	(0.00,0.00,0.13)	(0.00,0.00,0.13)	(0.00,0.28,0.73)	
A_3	(0.54,0.79,1.00)	(1.00,1.00,1.00)	(0.00,0.21,0.54)	(0.00,0.00,0.13)	(0.13,0.41,0.73)	
A_4	(0.35,0.54,0.73)	(1.00,1.00,1.00)	(0.00,0.00,0.13)	(0.00,0.00,0.13)	(0.00,0.00,0.13)	
A_5	(0.54,0.79,1.00)	(1.00,1.00,1.00)	(0.00,0.21,0.54)	(0.13,0.54,0.91)	(0.35,0.79,1.00)	
A_6	(0.73,0.97,1.00)	(1.00,1.00,1.00)	(0.13,0.54,0.91)	(0.13,0.54,0.91)	(0.91,1.00,1.00)	
A_7	(0.00,0.05,0.35)	(1.00,1.00,1.00)	(0.00,0.00,0.13)	(0.00,0.00,0.13)	(0.91,1.00,1.00)	
A_8	(0.54,0.73,0.91)	(1.00,1.00,1.00)	(0.13,0.54,0.91)	(0.00,0.00,0.13)	(0.00,0.00,0.13)	

步骤 4：计算各方案的可能度，这里取 $\lambda = 0.4$，不同 λ 的影响将在灵敏度分析部分进行讨论，以 A_1 的可能度为例，见表 6-4。

表 6-4 A_1 的可能度

方案	C_1	C_2	C_3	C_4	C_5	C_6	C_7	C_8	C_9	C_{10}	C_{11}
$A_1 > A_2$	1.00	1.00	1.00	1.00	1.00	1.00	1.00	0.50	1.00	1.00	1.00
$A_1 > A_3$	1.00	1.00	1.00	1.00	1.00	1.00	0.88	0.50	1.00	1.00	1.00
$A_1 > A_4$	1.00	1.00	1.00	1.00	1.00	1.00	1.00	0.50	1.00	1.00	1.00
$A_1 > A_5$	1.00	1.00	1.00	0.50	1.00	1.00	0.88	0.50	1.00	1.00	0.89
$A_1 > A_6$	0.50	0.50	1.00	0.50	0.50	0.50	1.00	0.50	1.00	1.00	0.07
$A_1 > A_7$	1.00	1.00	1.00	1.00	1.00	1.00	1.00	0.50	1.00	1.00	0.07
$A_1 > A_8$	1.00	1.00	1.00	1.00	1.00	0.83	0.50	1.00	0.50	1.00	1.00

步骤 5：计算总偏好指数，见表 6-5、表 6-6。

表 6-5 A_i 超过其他方案的总偏好指数

方案	$A_1 >$	$A_2 >$	$A_3 >$	$A_4 >$
A_1	—			
A_2	(8.30, 12.72, 16.50)			
A_3	(8.23, 12.62, 16.38)	(4.58, 7.06, 9.13)		
A_4	(8.27, 12.66, 16.42)	(5.31, 7.94, 10.32)	(5.27, 7.77, 10.06)	
A_5	(7.44, 11.26, 14.47)	(1.53, 2.10, 2.59)	(1.69, 2.30, 2.83)	(1.17, 1.73, 2.17)
A_6	(5.82, 8.93, 11.55)	(0.82, 1.26, 1.70)	(0.94, 1.37, 1.78)	(0.58, 0.85, 1.10)
A_7	(7.90, 12.05, 15.50)	(5.27, 7.96, 10.18)	(5.13, 7.66, 9.80)	(4.75, 7.38, 9.55)
A_8	(7.70, 11.83, 15.33)	(2.80, 4.53, 6.00)	(2.60, 4.30, 5.76)	(2.22, 3.84, 5.07)

方案	$A_5 >$	$A_6 >$	$A_7 >$
A_6	(2.59, 4.34, 5.84)		
A_7	(7.29, 11.16, 14.34)	(7.84, 11.97, 15.43)	
A_8	(5.17, 8.55, 11.39)	(6.55, 10.13, 13.06)	(2.09, 3.54, 4.77)

表 6-6 A_i 被其他方案超过的总偏好指数

方案	$A_1 <$	$A_2 <$	$A_3 <$	$A_4 <$
A_1	—			
A_2	(0.30, 0.42, 0.50)			

续表

方案	$A_1 <$	$A_2 <$	$A_3 <$	$A_4 <$
A_3	(0.37, 0.52, 0.62)	(4.02, 6.07, 7.87)		
A_4	(0.33, 0.47, 0.58)	(3.29, 5.19, 6.68)	(3.33, 5.37, 6.94)	
A_5	(1.16, 1.87, 2.53)	(7.07, 11.03, 14.41)	(6.91, 10.83, 14.17)	(7.43, 11.41, 14.83)
A_6	(2.78, 4.20, 5.45)	(7.78, 11.87, 15.30)	(7.66, 11.77, 15.22)	(8.02, 12.29, 15.90)
A_7	(0.70, 1.09, 1.50)	(3.33, 5.18, 6.82)	(3.47, 5.47, 7.20)	(3.85, 5.75, 7.45)
A_8	(0.90, 1.31, 1.67)	(5.80, 8.60, 11.00)	(6.00, 8.84, 11.24)	(6.38, 9.29, 11.93)

方案	$A_5 <$	$A_6 <$	$A_7 <$
A_6	(6.01, 8.79, 11.16)		
A_7	(1.31, 1.97, 2.66)	(0.76, 1.16, 1.57)	
A_8	(3.43, 4.59, 5.61)	(2.05, 3.01, 3.94)	(6.51, 9.59, 12.23)

步骤6：计算流出 $\Phi^+(\tilde{A}_i)$ 和流入 $\Phi^-(\tilde{A}_i)$，见表6-7。

表6-7 流出 $\Phi^+(\tilde{A}_i)$ 和流入 $\Phi^-(\tilde{A}_i)$

方案	Φ^+	Φ^-
A_1	(78.29, 119.43, 154.28)	(16.31, 25.03, 32.72)
A_2	(26.75, 40.59, 52.54)	(67.85, 103.87, 134.46)
A_3	(27.13, 40.40, 52.17)	(67.47, 104.06, 134.83)
A_4	(21.34, 33.50, 43.19)	(73.26, 110.96, 143.81)
A_5	(51.97, 81.49, 106.79)	(42.63, 62.97, 80.21)
A_6	(66.54, 100.68, 129.35)	(28.06, 43.78, 57.65)
A_7	(21.56, 33.54, 44.59)	(73.04, 110.92, 142.41)
A_8	(41.88, 60.63, 77.07)	(52.72, 83.84, 109.93)

步骤7：计算净流 $\Phi(\tilde{A}_i)$，见表6-8。

表6-8 净流 $\Phi(\tilde{A}_i)$

方案	Φ
A_1	(45.57, 94.40, 137.97)
A_2	(-107.71, -63.28, -15.31)
A_3	(-107.71, -63.65, -15.31)

续表

方案	Φ
A_4	(-122.47, -77.47, -30.07)
A_5	(-28.24, 18.52, 64.16)
A_6	(8.89, 56.89, 101.29)
A_7	(-120.85, -77.38, -28.45)
A_8	(-68.05, -23.21, 24.35)

步骤 8：计算 $\Phi(\tilde{A}_i)$ 的可能度，见表 6-9。

表 6-9　$\Phi(\tilde{A}_i)$ 的可能度

方案	$A_1>$	$A_2>$	$A_3>$	$A_4>$	$A_5>$	$A_6>$	$A_7>$	$A_8>$
A_1	0.50							
A_2	1.00	0.50						
A_3	1.00	0.51	0.50					
A_4	1.00	0.66	0.65	0.50				
A_5	1.00	0.00	0.00	0.00	0.50			
A_6	0.91	0.00	0.00	0.00	0.09	0.50		
A_7	1.00	0.65	0.64	0.49	1.00	1.00	0.50	
A_8	1.00	0.07	0.07	0.00	0.94	1.00	0.00	0.50

步骤 9：基于 $\Phi(\tilde{A}_i)$ 的可能度，计算列中大于 0.5 和行中小于 0.5 的数量，两者之和为 A_i 的排序。

方案 A_i 以升序排列为 $A_4>A_7>A_3>A_2>A_8>A_5>A_6>A_1$。

6.3　考虑风险偏好的供应商组合订单分配模型

6.3.1　供应商组合订单分配模型

类似于前面所述的订单分配模型，该模型参数定义见表 6-10。

表 6-10 基本假设

	符号	含义
索引	i	供应商，m 个供应商集合 $i=\{1,2,\cdots,m\}$
	k	产品，l 种产品集合 $k=\{1,2,\cdots,l\}$
变量	x_{ik}	供应商 i 分配到的 k 产品订单比例
	λ	整体满意度
参数	p_{ik}	供应商 i 供应 k 产品的单位价格
	V_{ik}	供应商 i 供应 k 产品的预计最大供应量
	$\tilde{V}_{ik}$	供应商 i 供应 k 产品的实际最大供应量
	D_k	k 产品的预测总需求量
	$\tilde{D}_k$	k 产品的实际总需求量
	U_{ik}	供应商 i 供应 k 产品的缺货率
	$\tilde{U}_k$	企业接受的 k 产品缺货率
	Q_{ik}	供应商 i 供应 k 产品的次品率
	$\tilde{Q}_k$	企业接受的 k 产品次品率

以最大化总效用为目标函数，此处效用为付出的成本以及感受到的损失，因此为负数，根据定义 6-4，前景函数为 $v(x)=-2.25\left(\sum_{k=1}^{l}\sum_{i=1}^{m}p_{ik}D_{k}x_{ik}\right)^{0.88}$，如图 6-1 所示。

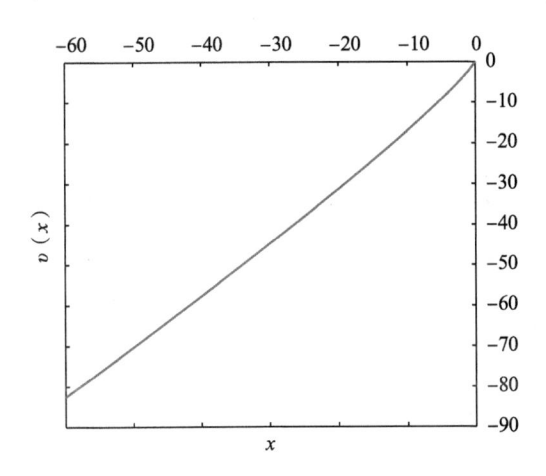

图 6-1 前景函数

考虑风险偏好的订单分配方法中，约束条件处理方式与前面一致，调用第 3 章中的约束条件：

$$\sum_{i=1}^{m} Q_{ik} x_{ik} \leqslant (a_k^Q, b_k^Q, c_k^Q), \quad k = 1, 2, \cdots, l$$

$$\sum_{i=1}^{m} U_{ik} x_{ik} \leqslant (b_k^U, b_k^U, c_k^U), \quad k = 1, 2, \cdots, l$$

$$\sum_{i=1}^{m} x_{ik} = (a_k^D, b_k^D, c_k^D), \quad k = 1, 2, \cdots, l$$

$$x_{ik} D_k \leqslant V_{ik}, \quad i = 1, 2, \cdots, m; \ k = 1, 2, \cdots, l$$

$$x_{ik} \geqslant 0, \quad i = 1, 2, \cdots, m; \ k = 1, 2, \cdots, l$$

因此，得到规划模型：

$$\min Z = 2.25 \Big(\sum_{k=1}^{l} \sum_{i=1}^{m} p_{ik} D_k x_{ik} \Big)^{0.88}$$

s.t.

$$\sum_{i=1}^{m} Q_{ik} x_{ik} \leqslant (a_k^Q, b_k^Q, c_k^Q), \quad k = 1, 2, \cdots, l$$

$$\sum_{i=1}^{m} U_{ik} x_{ik} \leqslant (b_k^U, b_k^U, c_k^U), \quad k = 1, 2, \cdots, l$$

$$\sum_{i=1}^{m} x_{ik} = (a_k^D, b_k^D, c_k^D), \quad k = 1, 2, \cdots, l$$

$$x_{ik} D_k \leqslant V_{ik}, \quad i = 1, 2, \cdots, m; \ k = 1, 2, \cdots, l$$

$$x_{ik} \geqslant 0, \quad i = 1, 2, \cdots, m; \ k = 1, 2, \cdots, l$$

6.3.2 算例分析

此处使用 3.3 节中的例子，求解得到本节订单分配结果如图 6-2 所示，其与 3.3 节的差别见表 6-11。

产品1　产品2

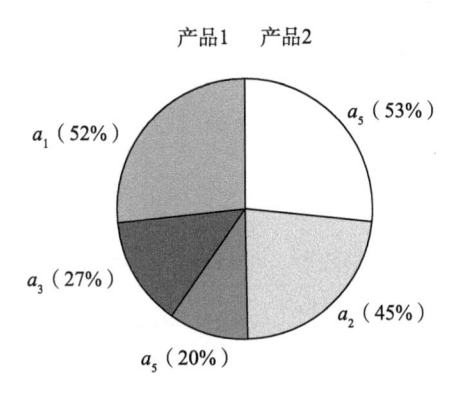

a_1（52%）

a_5（53%）

a_3（27%）

a_2（45%）

a_5（20%）

图 6-2　各供应商分得的整体订单比例

表 6-11　本节及 3.3 节订购两种产品的数量

供应商	第1种产品/套 本节	第1种产品/套 3.3节	第2种产品/套 本节	第2种产品/套 3.3节
a_1	3624	3615	0	0
a_2	0	0	2230	2235
a_3	1887	1884	0	0
a_4	0	0	0	0
a_5	1393	1406	2679	2674

注：根据本节模型，风险厌恶型决策者会少订购1件。

可见，考虑风险偏好的供应商组合订单分配结果与不考虑风险偏好的订单分配结果总体上一致，体现了其有效性，不会因为这一心理因素而导致订单分配结果的不合理，但其在保持最优分配结果的同时，有针对性地减少了可能存在的损失，以适应于损失厌恶型决策者。

6.4　讨论分析

鉴于第3章已经对供应商组合订单分配结果进行了充分讨论，而考虑风险偏好的供应商组合订单分配模型与其具有一致性，因此本部分仅讨论6.2节考虑风险偏好的供应商选择方法。

6.4.1 灵敏度分析

由于系数 λ 随着决策者不同而变化，不同的 λ 得到不同的 $\Phi(\tilde{A}_i)$ 的可能度，可能度值见表 6-12~表 6-17。灵敏度分析结果见表 6-18。

表 6-12　当 λ = 0 时 $\Phi(\tilde{A}_i)$ 的可能度

方案	$A_1 >$	$A_2 >$	$A_3 >$	$A_4 >$	$A_5 >$	$A_6 >$	$A_7 >$
A_2	1.00						
A_3	1.00	0.49					
A_4	1.00	0.63	0.63				
A_5	1.00	0.00	0.00	0.00			
A_6	0.90	0.00	0.00	0.00	0.05		
A_7	1.00	0.62	0.63	0.50	1.00	1.00	
A_8	1.00	0.07	0.08	0.00	0.93	1.00	0.00

表 6-13　当 λ = 0.1 时 $\Phi(\tilde{A}_i)$ 的可能度

方案	$A_1 >$	$A_2 >$	$A_3 >$	$A_4 >$	$A_5 >$	$A_6 >$	$A_7 >$
A_2	1.00						
A_3	1.00	0.49					
A_4	1.00	0.63	0.64				
A_5	1.00	0.00	0.00	0.00			
A_6	0.90	0.00	0.00	0.00	0.06		
A_7	1.00	0.63	0.63	0.50	1.00	1.00	
A_8	1.00	0.07	0.08	0.00	0.93	1.00	0.00

表 6-14　当 λ = 0.2 时 $\Phi(\tilde{A}_i)$ 的可能度

方案	$A_1 >$	$A_2 >$	$A_3 >$	$A_4 >$	$A_5 >$	$A_6 >$	$A_7 >$
A_2	1.00						
A_3	1.00	0.50					
A_4	1.00	0.64	0.64				
A_5	1.00	0.00	0.00	0.00			
A_6	0.90	0.00	0.00	0.00	0.07		
A_7	1.00	0.63	0.64	0.49	1.00	1.00	
A_8	1.00	0.07	0.07	0.00	0.93	1.00	0.00

表6-15　当 $\lambda = 0.3$ 时 $\Phi(\tilde{A}_i)$ 的可能度

方案	$A_1 >$	$A_2 >$	$A_3 >$	$A_4 >$	$A_5 >$	$A_6 >$	$A_7 >$
A_2	1.00						
A_3	1.00	0.50					
A_4	1.00	0.65	0.65				
A_5	1.00	0.00	0.00	0.00			
A_6	0.90	0.00	0.00	0.00	0.08		
A_7	1.00	0.64	0.64	0.49	1.00	1.00	
A_8	1.00	0.07	0.07	0.00	0.94	1.00	0.00

表6-16　当 $\lambda = 0.5$ 时 $\Phi(\tilde{A}_i)$ 的可能度

方案	$A_1 >$	$A_2 >$	$A_3 >$	$A_4 >$	$A_5 >$	$A_6 >$	$A_7 >$
A_2	1.00						
A_3	1.00	0.50					
A_4	1.00	0.66	0.66				
A_5	1.00	0.00	0.00	0.00			
A_6	0.91	0.00	0.00	0.00	0.10		
A_7	1.00	0.65	0.65	0.49	1.00	1.00	
A_8	1.00	0.07	0.07	0.00	0.94	1.00	0.00

表6-17　当 $\lambda = 1$ 时 $\Phi(\tilde{A}_i)$ 的可能度

方案	$A_1 >$	$A_2 >$	$A_3 >$	$A_4 >$	$A_5 >$	$A_6 >$	$A_7 >$
A_2	1.00						
A_3	1.00	0.52					
A_4	1.00	0.70	0.69				
A_5	1.00	0.00	0.00	0.00			
A_6	0.92	0.00	0.00	0.00	0.14		
A_7	1.00	0.69	0.67	0.48	1.00	1.00	
A_8	1.00	0.07	0.05	0.00	0.96	1.00	0.00

表 6-18　灵敏度分析结果

λ	排序
$\lambda = 0$	$A_4 > A_7 > A_2 > A_3 > A_8 > A_5 > A_6 > A_1$
$\lambda = 0.1$	$A_4 > A_7 > A_2 > A_3 > A_8 > A_5 > A_6 > A_1$
$\lambda = 0.2$	$A_4 > A_7 > A_2 > A_3 > A_8 > A_5 > A_6 > A_1$
$\lambda = 0.3$	$A_4 > A_7 > A_2 > A_3 > A_8 > A_5 > A_6 > A_1$
$\lambda = 0.4$	$A_4 > A_7 > A_3 > A_2 > A_8 > A_5 > A_6 > A_1$
$\lambda = 0.5$	$A_4 > A_7 > A_3 > A_2 > A_8 > A_5 > A_6 > A_1$
$\lambda = 1$	$A_4 > A_7 > A_3 > A_2 > A_8 > A_5 > A_6 > A_1$

如上所示，即使当决策者最乐观时（$\lambda = 1$），方案的排序也较稳定，A_1 始终是最差的方案，A_5 是最优方案，而 A_7 始终列第二位。A_2 和 A_3 一般排在第三位和第四位。

灵敏度分析展现了排序的稳定性，这是由于 λ 影响了可能度，但影响较小，因此可能度的改变较小。

6.4.2　与其他方法的比较

灵敏度分析后，为了证明本方法的有效性，下面与参考文献[19]中的结果进行比较。

据参考文献[19]中所提方法，排序为 $A_4 > A_7 > A_2 > A_3 > A_8 > A_5 > A_6 > A_1$。

据与之比较的几何平均方法，排序为 $A_7 > A_4 > A_2 > A_3 > A_8 > A_5 > A_6 > A_1$。

比较结果见表 6-19。

表 6-19　比较结果

方法	排序
本方法	$A_4 > A_7 > A_3 > A_2 > A_8 > A_5 > A_6 > A_1$
参考文献[19]中的方法	$A_4 > A_7 > A_2 > A_3 > A_8 > A_5 > A_6 > A_1$
几何平均方法	$A_7 > A_4 > A_2 > A_3 > A_8 > A_5 > A_6 > A_1$

根据表 6-19，本方法和参考文献[19]的方法均选取 A_4 为最优方案，几何

平均方法认为 A_7 比 A_4 更好。与其他两种方法相比，本方法主要的差别在于对 A_2 和 A_3 的排序，主要原因是本方法考虑了决策者的前景或风险厌恶因素，即表示它包含了行为偏好。但总的来说，三种方法的结果相似，证明了本方法的合理性。

与其他两种方法相比，本方法具有以下优势。

（1）本方法的模型中使用了前景理论，将决策者的行为偏好考虑了进去，因此决策者将会更愿意接受该结果，在现实决策中更为适用。

（2）本方法提出了改进的可能度方法，因此可对任意两个方案进行排序。与其他方法不同的是，它可使决策者知道各个准则下任意两方案间的差距，由此决策者可以注意到排序的细节，并找到导致该结果的关键数值。

（3）另外两种方法依赖每一个方案的值，如果决策者偏好某方案，将会导致结果不公平。但本方法基于两两比较，有利于减少任何单个数值的影响。

6.5　本章小结

本章研究了不确定信息下考虑风险偏好的供应商组合选择及订单分配方法。首先，为了得到考虑风险偏好的供应商选择方法，建立了基于前景理论框架的模糊 PROMETHEE 方法，对基于改进的可能度方法进行方案间的两两比较，以比较方案的模糊前景值，并将前景理论应用到模糊 PROMETHEE 方法中。其次，为了研究该情境下的供应商组合订单分配问题，将目标函数设置为最大化总效用，并与第 3 章中的结果进行了对比。

日常决策过程中，信息常常是不精确的，而决策者的判断常常含有模糊性和行为因素，因此在实际决策问题中，本章所提方法可以得到更合理的结果。

7　结论和展望

本书分析了不确定信息下供应商组合优化问题，讨论选取适当数量的供应商组成供应商组合并为组合内供应商进行订单分配的方法，以实现供应商组合整体效用最大化。

7.1　主要工作和创新点

针对不确定信息下供应商组合优化问题，本书主要工作和创新点有以下几个。

（1）不确定信息下供应商组合选择模型。在实际生产活动中，生产商的需求量、决策者的满意度、供应链绩效和质量约束等因素均可能为模糊变量，而模糊多准则决策方法为这些变量的转化提供了理论和方法支持，通过选取合适的模糊数等方法可以有效地建立模型并解决这类优化问题。因此，本书提出一个基于多准则分析的模糊 0 – 1 规划模型，该模型依据用于选择单一供应商的多准则分析矩阵，选出最合适的供应商组合。

（2）不确定信息下供应商组合订单分配基础模型。本书建立了原材料需求模糊情况下的供应商组合订单分配模型，将企业原材料需求约束标准扩展为一个模糊范围，寻找在企业的可接受范围和偏好下，最优化整体效用的订单分配方案，形成基于柔性约束的订单分配模型。该模型可以处理一定程度的信息扭曲，并自动寻找使总效用最高的次品率、缺货率等标准值，以使各标准尽可能更优的情况下总成本最低。

(3) 供应商组合订单分配直觉模糊规划模型。企业在分配原材料订单中的实际需求可能更适合看作在一定约束下最小化总成本，只不过这些约束又不宜像传统单一目标模型中都看作是硬性的，而更类似于具有一定的模糊范围的次要目标。因此，本书以产品标准可变且限制次要约束过度优化为基础，研究了基于直觉模糊约束的多产品多供应商订单分配模型。该模型引入了隶属度和非隶属度，根据各约束的隶属度和非隶属度区分其重要性，避免企业对单个标准的过度优化，进而自动计算订单分配方案以优化总绩效。

(4) 供应商组合订单分配机会约束规划模型。当今制造企业大多努力将原材料维持在较低的库存水平，然而，很多企业尤其是中小型企业，对订单的约束力较弱，既要维护客户关系，又不能完全放弃紧急订单带来的收益，导致有时会面临是否接受某紧急订单的抉择，若接受紧急订单，则又面临紧急采购。因此，本书研究了包含随机信息和模糊信息的订单分配模型，以及其在制造型企业应急采购中的应用。通过机会约束规划方法，寻找各标准尽可能更优的情况下总成本最低的订单分配方案。在订单分配的过程中存在着不确定信息，而机会约束规划和模糊规划理论恰恰是解决这类问题非常有效的工具，应用到供应商组合订单分配问题中，能够为其提供理论指导和实际求解方法。

(5) 考虑风险偏好的供应商组合选择及订单分配模型。现实中，决策时常常会有多个参考点：首先，由于参考点随着各准则改变，所以一个方案会有不同的前景值；其次，即使对于某一特定准则，前景值也往往并不依赖唯一的参考点。因此，本书引入基于前景理论框架的扩展模糊 PROMETHEE 方法，对导致决策者在方案非常多时犹豫的多个参考点的多个前景建模，进而比较这些复杂的模糊前景，并集成为符合认知的决策结果，用于供应商评价和选择上。在此基础上，研究该类型企业的订单分配方法。

7.2 展望

本书对不确定信息下供应商组合优化问题进行了研究，虽然取得了一些有价值的研究成果，但在许多方面还有待于进一步完善。

（1）本书着重于处理产品质量、交货时间等不确定约束，而未考虑企业互动所带来的柔性。不同的供应商通过谈判得到的条件和折扣也不同，这对于订单分配会产生影响。同时，采购中还可以设置不同的定价方式，有效的定价方式可以在一定程度上激励供应商，进而增加企业的收益。

（2）本书所提模型更加适用于中小型企业，对于大型企业而言，其采购行为通常是全球化的，还需关注不同国家的政治、文化等不确定非定量因素。而对于这类因素如何转化，并用于订单分配模型，尚需要深入研究。进一步地，根据不同供应商的这些特性，还可能有针对性地制定不同的合同细节，这些实际上同样应作为约束之一来考虑，这些内容计划在将来继续进行深入研究。

（3）企业的目标是提高总绩效，但专注于供应商选择和订单分配，而不考虑企业和供应商之间的互动性，可能造成一定程度的绩效孤立，且不能激励供应商提供较高的服务质量。这对企业长期发展可能造成影响，因此同样需要关注。

参考文献

[1] GENDREAU M, MANERBA D, MANSINI R. The Multi-Vehicle Traveling Purchaser Problem with Pairwise Incompatibility Constraints and Unitary Demands: A Branch-and-Price Approach [J]. European Journal of Operational Research, 2016, 248 (1): 59-71.

[2] QI L, SHI J, XU X. Supplier Competition and Its Impact on Firm's Sourcing Strategy [J]. Omega-International Journal of Management Science, 2015, 55: 91-110.

[3] CUI Z, LOCH C, GROSSMANN B, et al. How Provider Selection and Management Contribute to Successful Innovation Outsourcing: An Empirical Study at Siemens [J]. Production and Operations Management, 2012, 21 (1): 29-48.

[4] RIEDL D F, KAUFMANN L, ZIMMERMANN C, et al. Reducing Uncertainty in Supplier Selection Decisions: Antecedents and Outcomes of Procedural Rationality [J]. Journal of Operations Management, 2013, 31 (1-2): 24-36.

[5] MASI D, MICHELI G J L, CAGNO E. A Meta-Model for Choosing a Supplier Selection Technique within an EPC Company [J]. Journal of Purchasing and Supply Management, 2013, 19 (1): 5-15.

[6] KAUFMANN L, KREFT S, EHRGOTT M, et al. Rationality in Supplier Selection Decisions: The Effect of the Buyer's National Task Environment [J]. Journal of Purchasing and Supply Management, 2012, 18 (2): 76-91.

[7] HWANG B-N, CHEN T-T, LIN J-T. 3PL Selection Criteria in Integrated Circuit Manufacturing Industry in Taiwan, China [J]. Supply Chain Managemen, 2016, 21 (1): 103-124.

[8] ROSS A D, KUZU K, LI W. Exploring Supplier Performance Risk and the Buyer's Role Using Chance-Constrained Data Envelopment Analysis [J]. European Journal of Operational Research, 2016, 250 (3): 966-978.

[9] THORNTON L M, AUTRY C W, GLIGOR D M, et al. Does Socially Responsible Supplier Selection Pay Off for Customer Firms? A Cross-Cultural Comparison [J]. Journal of Supply Chain Management, 2013, 49 (3): 66 – 89.

[10] ZERBINI F, BORGHINI S. Release Capacity in the Vendor Selection Process [J]. Journal of Business Research, 2015, 68 (2): 405 – 414.

[11] KULL T J, OKE A, DOOLEY K J. Supplier Selection Behavior Under Uncertainty: Contextual and Cognitive Effects on Risk Perception and Choice [J]. Decision Sciences, 2014, 45 (3): 467 – 505.

[12] SANG X, LIU X. An Interval Type-2 Fuzzy Sets – Based TODIM Method and Its Application to Green Supplier Selection [J]. Journal of the Operational Research Society, 2016, 67 (5): 722 – 734.

[13] HUQ F A, CHOWDHURY I N, KLASSEN R D. Social Management Capabilities of Multinational Buying Firms and Their Emerging Market Suppliers: An Exploratory Study of the Clothing Industry [J]. Journal of Operations Management, 2016, 46: 19 – 37.

[14] SAEEDPOOR M, VAFADARNIKJOO A. Evaluating Green Supplier Development Programs at a Telecommunications Systems Provider [J]. International Journal of Production Economics, 2016, 178: 189 – 189.

[15] IGARASHI M, BOER, FET A M. What is Required for Greener Supplier Selection? A Literature Review and Conceptual Model Development [J]. Journal of Purchasing and Supply Management, 2013, 19 (4): 247 – 263.

[16] THEIßEN S, SPINLER S. Strategic Analysis of Manufacturer-Supplier Partnerships: An ANP Model for Collaborative CO_2 Reduction Management [J]. European Journal of Operational Research, 2014, 233 (2): 383 – 397.

[17] HASHEMI S H, KARIMI A, TAVANA M. An Integrated Green Supplier Selection Approach with Analytic Network Process and Improved Grey Relational Analysis [J]. International Journal of Production Economics, 2015, 159: 178 – 191.

[18] MAHDILOO M, SAEN R F, LEE K – H. Technical, Environmental and Eco-Efficiency Measurement for Supplier Selection: An Extension and Application of Data Envelopment Analysis [J]. International Journal of Production Economics, 2015, 168: 279 – 289.

[19] KANNAN D, JABBOUR, JABBOUR C J C. Selecting Green Suppliers Based on GSCM Practices: Using Fuzzy TOPSIS Applied to a Brazilian Electronics Company [J]. European

Journal of Operational Research, 2014, 233 (2): 432 - 447.

[20] KANNAN D, GOVINDAN K, RAJENDRAN S. Fuzzy Axiomatic Design Approach Based Green Supplier Selection: A Case Study from Singapore [J]. Journal of Cleaner Production, 2015, 96: 194 - 208.

[21] IGARASHI M, BOER, MICHELSEN O. Investigating the Anatomy of Supplier Selection in Green Public Procurement [J]. Journal of Cleaner Production, 2015, 108: 442 - 450.

[22] OUYANG Y, PEDRYCZ W. A New Model for Intuitionistic Fuzzy Multi-Attributes Decision Making [J]. European Journal of Operational Research, 2016, 249 (2): 677 - 682.

[23] ZHANG M - J, WANG Y - M, LI L - H, et al. A General Evidential Reasoning Algorithm for Multi-Attribute Decision Analysis Under Interval Uncertainty [J]. European Journal of Operational Research, 2017, 257 (3): 1005 - 1015.

[24] MOU Q, XU Z, LIAO H. An Intuitionistic Fuzzy Multiplicative Best-Worst Method for Multi-Criteria Group Decision Making [J]. Information Sciences, 2016, 374: 224 - 239.

[25] TAN R R, AVISO K B, CAYAMANDA C D, et al. A Fuzzy Linear Programming Enterprise Input-Output Model for Optimal Crisis Operations in Industrial Complexes [J]. International Journal of Production Economics, 2016, 181: 410 - 418.

[26] MAHAPATRA G S, MAHAPATRA B S, ROY P K. A New Concept for Fuzzy Variable Based Non-linear Programming Problem with Application on System Reliability via Genetic Algorithm Approach [J]. Annals of Operations Research, 2016, 247 (2): 853 - 866.

[27] RAMIK J, VLACH M. Intuitionistic Fuzzy Linear Programming and Duality: A Level Sets Approach [J]. Fuzzy Optimization and Decision Making, 2016, 15 (4): 457 - 489.

[28] WU W - Y, LIN C - T, KUNG J - Y. Supplier Selection in Supply Chain Management by Using Fuzzy Multiple-Attribute Decision-Making Method [J]. Journal of Intelligent & Fuzzy Systems, 2013, 24 (1): 175 - 183.

[29] SHEN C - Y, YU K - T. An Integrated Fuzzy Strategic Supplier Selection Approach for Considering the Supplier Integration Spectrum [J]. International Journal of Production Research, 2012, 50 (3): 817 - 829.

[30] LIMA JUNIOR F R, OSIRO L, RIBEIRO CARPINETTI L C. A Comparison between Fuzzy AHP and Fuzzy TOPSIS Methods to Supplier Selection [J]. Applied Soft Computing, 2014, 21: 194 - 209.

[31] WOOD D A. Supplier Selection for Development of Petroleum Industry Facilities, Applying

Multi-Criteria Decision Making Techniques Including Fuzzy and Intuitionistic Fuzzy TOPSIS with Flexible Entropy Weighting [J]. Journal of Natural Gas Science and Engineering, 2016, 28: 594 – 612.

[32] SAFA M, SHAHI A, HAAS C T, et al. Supplier Selection Process in an Integrated Construction Materials Management Model [J]. Automation in Construction, 2014, 48: 64 – 73.

[33] LI Y, LIU X, CHEN Y. Supplier Selection Using Axiomatic Fuzzy Set and TOPSIS Methodology in Supply Chain Management [J]. Fuzzy Optimization and Decision Making, 2012, 11 (2): 147 – 176.

[34] KILIC H S. An Integrated Approach for Supplier Selection in Multi-Item/Multi-Supplier Environment [J]. Applied Mathematical Modelling, 2013, 37 (14 – 15): 7752 – 7763.

[35] PITCHIPOO P, VENKUMAR P, RAJAKARUNAKARAN S. Fuzzy Hybrid Decision Model for Supplier Evaluation and Selection [J]. International Journal of Production Research, 2013, 51 (13): 3903 – 3919.

[36] KAR A K. A Hybrid Group Decision Support System for Supplier Selection Using Analytic Hierarchy Process, Fuzzy Set Theory and Neural Network [J]. Journal of Computational Science, 2015, 6: 23 – 33.

[37] HO W, DEY P K, LOCKSTROM M. Strategic Sourcing: A Combined QFD and AHP Approach in Manufacturing [J]. Supply Chain Management, 2011, 16 (6): 446 – 461.

[38] REZAEI J, ORTT R. Multi-Criteria Supplier Segmentation Using a Fuzzy Preference Relations Based AHP [J]. European Journal of Operational Research, 2013, 225 (1): 75 – 84.

[39] SIVAKUMAR R, KANNAN D, MURUGESAN P. Green Vendor Evaluation and Selection Using AHP and Taguchi Loss Functions in Production Outsourcing in Mining Industry [J]. Resources Policy, 2015, 46: 64 – 75.

[40] SHEIKHALISHAHI M, TORABI S A. Maintenance Supplier Selection Considering Life Cycle Costs and Risks: A Fuzzy Goal Programming Approach [J]. International Journal of Production Research, 2014, 52 (23): 7084 – 7099.

[41] HAMMAMI R, FREIN Y, HADJ – ALOUANE A B. An International Supplier Selection Model with Inventory and Transportation Management Decisions [J]. Flexible Services and Manufacturing Journal, 2012, 24 (1): 4 – 27.

[42] SUBULAN K, TASAN A S, BAYKASOGLU A. A Fuzzy Goal Programming Model to Strategic Planning Problem of a Lead/Acid Battery Closed-Loop Supply Chain [J]. Journal of

Manufacturing Systems, 2015, 37: 243 -264.

[43] OSIRO L, LIMA - JUNIOR F R, CARPINETTI L C R. A Fuzzy Logic Approach to Supplier Evaluation for Development [J]. International Journal of Production Economics, 2014, 153: 95 -112.

[44] LIN R - H. An Integrated Model for Supplier Selection under a Fuzzy Situation [J]. International Journal of Production Economics, 2012, 138 (1): 55 -61.

[45] JAIN R, SINGH A R, YADAV H C, et al. Using Data Mining Synergies for Evaluating Criteria at Pre-Qualification Stage of Supplier Selection [J]. Journal of Intelligent Manufacturing, 2014, 25 (1): 165 -175.

[46] OMURCA S I. An Intelligent Supplier Evaluation, Selection and Development System [J]. Applied Soft Computing, 2013, 13 (1): 690 -697.

[47] ZHANG X, DENG Y, CHAN F T S, et al. A Fuzzy Extended Analytic Network Process-Based Approach for Global Supplier Selection [J]. Applied Intelligence, 2015, 43 (4): 760 -772.

[48] HEIDARZADE A, MANDAVI I, MANDAVI - AMIRI N. Supplier Selection Using a Clustering Method Based on a New Distance for Interval Type-2 Fuzzy Sets: A Case Study [J]. Applied Soft Computing, 2016, 38: 213 -231.

[49] LIOU J J H, CHUANG Y - C, TZENG G - H. A Fuzzy Integral-Based Model for Supplier Evaluation and Improvement [J]. Information Sciences, 2014, 266: 199 -217.

[50] YU C, WONG T N. A Product Bundle Determination Model for Multi-Product Supplier Selection [J]. Journal of Intelligent Manufacturing, 2015, 26 (2): 369 -385.

[51] YU C, WONG T N. A Multi-Agent Architecture for Multi-Product Supplier Selection in Consideration of the Synergy between Products [J]. International Journal of Production Research, 2015, 53 (20): 6059 -6082.

[52] YU C, WONG T N. A Supplier Pre-Selection Model for Multiple Products with Synergy Effect [J]. International Journal of Production Research, 2014, 52 (17): 5206 -5222.

[53] REZAEI J. A Two-way Approach to Supply Chain Partner Selection [J]. International Journal of Production Research, 2015, 53 (16): 4888 -4902.

[54] JIN Y, RYAN J K, YUND W. Two Stage Procurement Processes With Competitive Suppliers and Uncertain Supplier Quality [J]. IEEE Transactions on Engineering Management, 2014, 61 (1): 147 -158.

[55] PEARN W L, WU C H. Supplier Selection Critical Decision Values for Processes with Multiple Independent Lines [J]. Quality and Reliability Engineering International, 2013, 29 (6): 899 – 909.

[56] KUO T C, CHEN G Y – H, WANG M L, et al. Carbon Footprint Inventory Route Planning and Selection of Hot Spot Suppliers [J]. International Journal of Production Economics, 2014, 150: 125 – 139.

[57] LIN C – J, KUO H – H. Multiple Comparisons with the Best for Supplier Selection [J]. Quality and Reliability Engineering International, 2014, 30 (7): 1083 – 1092.

[58] KIM D Y, WAGNER S M. Supplier Selection Problem Revisited from the Perspective of Product Configuration [J]. International Journal of Production Research, 2012, 50 (11): 2864 – 2876.

[59] WU C – W, LIAO M – Y, YANG T – T. Efficient Methods for Comparing Two Process Yields – Strategies on Supplier Selection [J]. International Journal of Production Research, 2013, 51 (5): 1587 – 1602.

[60] KESKIN G A. Using Integrated Fuzzy DEMATEL and Fuzzy C: Means Algorithm for Supplier Evaluation and Selection [J]. International Journal of Production Research, 2015, 53 (12): 3586 – 3602.

[61] PRADHAN S K, ROUTROY S. Supply Management Integration Model for Indian Manufacturing Industries [J]. International Journal of Operations & Production Management, 2016, 36 (7): 781 – 802.

[62] 李海林, 姜俊. 基于二元语意一致性的军品供应商绩效模糊评价方法 [J]. 系统工程理论与实践, 2012, 2: 373 – 379.

[63] BALCIK B, AK D. Supplier Selection for Framework Agreements in Humanitarian Relief [J]. Production and Operations Management, 2014, 23 (6): 1028 – 1041.

[64] FALAGARIO M, SCIANCALEPORE F, COSTANTINO N, et al. Using a DEA-Cross Efficiency Approach in Public Procurement Tenders [J]. European Journal of Operational Research, 2012, 218 (2): 523 – 529.

[65] TANG J – W, HSU T – H. A Fuzzy Preference Relations Model for Evaluating Key Supplier Relationships in TFT-LCD TV Panel Manufacturing Industry [J]. Management Decision, 2015, 53 (8): 1858 – 1882.

[66] RAJESH R, RAVI V. Supplier Selection in Resilient Supply Chains: A Grey Relational A-

nalysis Approach [J]. Journal of Cleaner Production, 2015, 86: 343-359.

[67] HSU Y-C, LU H-A, CHU C-W. Evaluating and Selecting Maritime Suppliers [J]. Maritime Policy & Management, 2016, 43 (1): 39-58.

[68] QIAN L. Market-Based Supplier Selection with Price, Delivery Time, and Service Level Dependent Demand [J]. International Journal of Production Economics, 2014, 147: 697-706.

[69] WU F, LI H Z, CHU L K, et al. Supplier Selection for Outsourcing from the Perspective of Protecting Crucial Product Knowledge [J]. International Journal of Production Research, 2013, 51 (5): 1508-1519.

[70] SIMANGUNSONG E, HENDRY L C, STEVENSON M. Managing Supply Chain Uncertainty with Emerging Ethical Issues [J]. International Journal of Operations & Production Management, 2016, 36 (10): 1272-1307.

[71] SAGHAFIAN S, VAN OYEN M P. Compensating for Dynamic Supply Disruptions: Backup Flexibility Design [J]. Operations Research, 2016, 64 (2): 390-405.

[72] PAUL S K, SARKER R, ESSAM D. A Quantitative Model for Disruption Mitigation in a Supply Chain [J]. European Journal of Operational Research, 2017, 257 (3): 881-895.

[73] GURNANI H, RAMACHANDRAN K, RAY S, et al. Ordering Behavior under Supply Risk: An Experimental Investigation [J]. Manufacturing & Service Operations Management, 2013, 16 (1): 61-75.

[74] SAWIK T. Integrated Supply, Production and Distribution Scheduling under Disruption Risks [J]. Omega-International Journal of Management Science, 2016, 62: 131-144.

[75] KAUPPI K, LONGONI A, CANIATO F, et al. Managing Country Disruption Risks and Improving Operational Performance: Risk Management along Integrated Supply Chains [J]. International Journal of Production Economics, 2016, 182: 484-495.

[76] JIANG L. Managing Supplier Competition and Sourcing Sequence for Component Manufacturing [J]. Production and Operations Management, 2015, 24 (2): 287-310.

[77] HAGUE R K, BARKER K, RAMIREZ-MARQUEZ J E. Interval-Valued Availability Framework for Supplier Selection Based on Component Importance [J]. International Journal of Production Research, 2015, 53 (20): 6083-6096.

[78] HAN Z-Q, LUO X-X, CHEN X-H, et al. Selecting Supplier Combination Based on

Fuzzy Multicriteria Analysis [J]. International Journal of General Systems, 2015, 44 (5): 572-590.

[79] NEPAL B, YADAV O P. Bayesian Belief Network – Based Framework for Sourcing Risk Analysis During Supplier Selection [J]. International Journal of Production Research, 2015, 53 (20): 6114-6135.

[80] HAMMAMI R, TEMPONI C, FREIN Y. A Scenario – Based Stochastic Model for Supplier Selection in Global Context with Multiple Buyers, Currency Fluctuation Uncertainties, and Price Discounts [J]. European Journal of Operational Research, 2014, 233 (1): 159-170.

[81] FENG Q, SHI R. Sourcing from Multiple Suppliers for Price-Dependent Demands [J]. Production and Operations Management, 2012, 21 (3): 547-563.

[82] TAN T, ALP O. Optimal Sourcing from Alternative Capacitated Suppliers with General Cost Structures [J]. Omega-International Journal of Management Science, 2016, 58: 26-32.

[83] MERZIFONLUOGLU Y. Impact of Risk Aversion and Backup Supplier on Sourcing Decisions of a Firm [J]. International Journal of Production Research, 2015, 53 (22): 6937-6961.

[84] MERZIFONLUOGLU Y. Risk Averse Supply Portfolio Selection with Supply, Demand and Spot Market Volatility [J]. Omega-International Journal of Management Science, 2015, 57: 40-53.

[85] ADEINAT H, VENTURA J. Determining the Retailer's Replenishment Policy Considering Multiple Capacitated Suppliers and Price-Sensitive Demand [C]. IIE Annual Conference, 2014: 2336.

[86] MAFAKHERI F, BRETON M, GHONIEM A. Supplier Selection-Order Allocation: A Two-Stage Multiple Criteria Dynamic Programming Approach [J]. International Journal of Production Economics, 2011, 132 (1): 52-57.

[87] HOSSEININASAB A, AHMADI A. Selecting a Supplier Portfolio with Value, Development, and Risk Consideration [J]. European Journal of Operational Research, 2015, 245 (1): 146-156.

[88] HERBON A, MOALEM S, SHNAIDERMAN H, et al. Dynamic Weights Approach for Off-Line Sequencing of Supplier Selection over a Finite Planning Horizon [J]. International Journal of Physical Distribution & Logistics Management, 2012, 42 (5): 434-463.

[89] CHEN Y J, DENG M. Information Sharing in a Manufacturer-Supplier Relationship: Suppliers' Incentive and Production Efficiency [J]. Production and Operations Manage-

ment, 2015, 24 (4): 619-633.

[90] SODENKAMP M A, TAVANA M, DICAPRIO D. Modeling Synergies in Multi-Criteria Supplier Selection and Order Allocation: An Application to Commodity Trading [J]. European Journal of Operational Research, 2016, 254 (3): 859-874.

[91] TAN B, FENG Q, CHEN W. Dual Sourcing Under Random Supply Capacities: The Role of the Slow Supplier [J]. Production and Operations Management, 2016, 25 (7): 1232-1244.

[92] GUMUS M. With or Without Forecast Sharing: Competition and Credibility under Information Asymmetry [J]. Production and Operations Management, 2014, 23 (10): 1732-1747.

[93] CHATURVEDI A, BEIL D R, MARTÍNEZ-DE-ALBÉNIZ V. Split-Award Auctions for Supplier Retention [J]. Management Science, 2014, 60 (7): 1719-1737.

[94] YIM A. Failure Risk and Quality Cost Management in Single versus Multiple Sourcing Decision [J]. Decision Sciences, 2014, 45 (2): 341-354.

[95] XIANG W, SONG F, YE F. Order Allocation for Multiple Supply-Demand Networks within a Cluster [J]. Journal of Intelligent Manufacturing, 2014, 25 (6): 1367-1376.

[96] RENNA P, PERRONE G. Order Allocation in a Multiple Suppliers-Manufacturers Environment within a Dynamic Cluster [J]. International Journal of Advanced Manufacturing Technology, 2015, 80 (1-4): 171-182.

[97] RAY P, JENAMANI M. Sourcing Decision under Disruption Risk with Supply and Demand Uncertainty: A Newsvendor Approach [J]. Annals of Operations Research, 2016, 237 (1-2): 237-262.

[98] 徐辉,侯建明. 需求不确定条件下的制造商订单分配模型 [J]. 中国管理科学, 2016, 3: 80-88.

[99] 蒋大奎,李波,谭佳音. 一类求解订单分配和排序问题的集成优化算法 [J]. 控制与决策, 2013, 2: 217-222.

[100] MOHAMMADITABAR D, GHODSYPOUR S H. A Supplier-Selection Model with Classification and Joint Replenishment of Inventory Items [J]. International Journal of Systems Science, 2016, 47 (8): 1745-1754.

[101] CHO S H, TANG C S. Technical Note-Capacity Allocation Under Retail Competition: Uniform and Competitive Allocations [J]. Operations Research, 2014, 62 (1): 72-80.

[102] CHEN J, DONG M. Available-to-Promise-Based Flexible Order Allocation in ATO Supply Chains [J]. International Journal of Production Research, 2014, 52 (22):

6717-6738.

[103] ABBASIANJAHROMI H, RAJAIE H, SHAKERI E, et al. A New Decision Making Model for Subcontractor Selection and Its Order Allocation [J]. Projection Management Journal, 2014, 45 (1): 55-66.

[104] GUO C, LI X. A Multi-Echelon Inventory System with Supplier Selection and Order Allocation Under Stochastic Demand [J]. International Journal of Production Economics, 2014, 151: 37-47.

[105] GOVINDAN K, JAFARIAN A, NOURBAKHSH V. Bi-Objective Integrating Sustainable Order Allocation and Sustainable Supply Chain Network Strategic Design with Stochastic Demand Using a Novel Robust Hybrid Multi-Objective Metaheuristic [J]. Computers & Operations Research, 2015, 62: 112-130.

[106] FU Y, LAI K K, LIANG L. A Robust Optimisation Approach to the Problem of Supplier Selection and Allocation in Outsourcing [J]. International Journal of Systems Science, 2016, 47 (4): 913-918.

[107] MOGHADDAM K S. Fuzzy Multi-Objective Model for Supplier Selection and Order Allocation in Reverse Logistics Systems Under Supply and Demand Uncertainty [J]. Expert Systems with Applications, 2015, 42 (15-16): 6237-6254.

[108] OGBE E, LI X. A New Cross Decomposition Method for Stochastic Mixed-Integer Linear Programming [J]. European Journal of Operational Research, 2017, 256 (2): 487-499.

[109] NATTAF M, ARTIGUES C, LOPEZ P, et al. Energetic Reasoning and Mixed-Integer Linear Programming for Scheduling with a Continuous Resource and Linear Efficiency Functions [J]. Or Spectrum, 2016, 38 (2): 459-492.

[110] FORTZ B, OLIVEIRA O, REQUEJO C. Compact Mixed Integer Linear Programming Models to the Minimum Weighted Tree Reconstruction Problem [J]. European Journal of Operational Research, 2017, 256 (1): 242-251.

[111] ESMAEILBEIGI R, CHARKHGARD P, CHARKHGARD H. Order Acceptance and Scheduling Problems in Two-Machine Flow Shops: New Mixed Integer Programming Formulations [J]. European Journal of Operational Research, 2016, 251 (2): 419-431.

[112] SAWIK T. Joint Supplier Selection and Scheduling of Customer Orders Under Disruption Risks: Single vs. Dual Sourcing [J]. Omega-International Journal of Management Science, 2014, 43: 83-95.

[113] SAWIK T. Selection of Resilient Supply Portfolio Under Disruption Risks [J]. Omega-International Journal of Management Science, 2013, 41 (2): 259-269.

[114] PAZHANI S, VENTURA J A, MENDOZA A. A Serial Inventory System with Supplier Selection and Order Quantity Allocation Considering Transportation Costs [J]. Applied Mathematical Modelling, 2016, 40 (1): 612-634.

[115] MENDOZA A, VENTURA J A. Analytical Models for Supplier Selection and Order Quantity Allocation [J]. Applied Mathematical Modelling, 2012, 36 (8): 3826-3835.

[116] XIDONAS P, DOUKAS H, MAVROTAS G, et al. Environmental Corporate Responsibility for Investments Evaluation: An Alternative Multi-Objective Programming Model [J]. Annals of Operations Research, 2016, 247 (2): 395-413.

[117] SHAO L, EHRGOTT M. Discrete Representation of Non-Dominated Sets in Multi-Objective Linear Programming [J]. European Journal of Operational Research, 2016, 255 (3): 687-698.

[118] AMEKNASSI L, AIT-KADI D, REZG N. Integration of Logistics Outsourcing Decisions in a Green Supply Chain Design: A Stochastic Multi-Objective Multi-Period Multi-Product Programming Model [J]. International Journal of Production Economics, 2016, 182: 165-184.

[119] MOGHADDAM K S. Supplier Selection and Order Allocation in Closed-Loop Supply Chain Systems Using Hybrid Monte Carlo Simulation and Goal Programming [J]. International Journal of Production Research, 2015, 53 (20): 6320-6338.

[120] ESFANDIARI N, SEIFBARGHY M. Modeling a Stochastic Multi-Objective Supplier Quota Allocation Problem with Price-Dependent Ordering [J]. Applied Mathematical Modelling, 2013, 37 (8): 5790-5800.

[121] KANNAN D, KHODAVERDI R, OLFAT L, et al. Integrated Fuzzy Multi Criteria Decision Making Method and Multi-Objective Programming Approach for Supplier Selection and Order Allocation in a Green Supply Chain [J]. Journal of Cleaner Production, 2013, 47: 355-367.

[122] JADIDI O, ZOLFAGHARI S, CAVALIERI S. A New Normalized Goal Programming Model for Multi-Objective Problems: A Case of Supplier Selection and Order Allocation [J]. International Journal of Production Economics, 2014, 148: 158-165.

[123] LEE C-Y, CHIEN C-F. Stochastic Programming for Vendor Portfolio Selection and Order

Allocation Under Delivery Uncertainty [J]. Or Spectrum, 2014, 36 (3): 761-797.

[124] WAN S-P, LI D F. Fuzzy Mathematical Programming Approach to Heterogeneous Multiattribute Decision-Making with Interval-Valued Intuitionistic Fuzzy Truth Degrees [J]. Information Sciences, 2015, 325: 484-503.

[125] CEBI F, OTAY I. A Two-Stage Fuzzy Approach for Supplier Evaluation and Order Allocation Problem with Quantity Discounts and Lead Time [J]. Information Sciences, 2016, 339: 143-157.

[126] GOVINDAN K, SIVAKUMAR R. Green Supplier Selection and Order Allocation in a Low-Carbon Paper Industry: Integrated Multi-Criteria Heterogeneous Decision-Making and Multi-Objective Linear Programming Approaches [J]. Annals of Operations Research, 2016, 238 (1-2): 243-276.

[127] NAZARI-SHIRKOUHI S, SHAKOURI H, JAVADI B, et al. Supplier Selection and Order Allocation Problem Using a Two-Phase Fuzzy Multi-Objective Linear Programming [J]. Applied Mathematical Modelling, 2013, 37 (22): 9308-9323.

[128] OGIER M, CHAN F T S, CHUNG S H, et al. Decentralised Capacitated Planning with Minimal-Information Sharing in a 2-Echelon Supply Chain [J]. International Journal of Production Research, 2015, 53 (16): 4927-4950.

[129] LIU W, GE M, YANG D. An Order Allocation Model in a Two-Echelon Logistics Service Supply Chain Based on the Rational Expectations Equilibrium [J]. International Journal of Production Research, 2013, 51 (13): 3963-3976.

[130] SINGH A. Supplier Evaluation and Demand Allocation Among Suppliers in a Supply Chain [J]. Journal of Purchasing and Supply Management, 2014, 20 (3): 167-176.

[131] SCOTT J, HO W, DEY P K, et al. A Decision Support System for Supplier Selection and Order Allocation in Stochastic, Multi-Stakeholder and Multi-Criteria Environments [J]. International Journal of Production Economics, 2015, 166: 226-237.

[132] HONG Z, LEE C K M. A Decision Support System for Procurement Risk Management in the Presence of Spot Market [J]. Decision Support Systems, 2013, 55 (1): 67-78.

[133] MEENA P L, SARMAH S P. Supplier Selection and Demand Allocation Under Supply Disruption Risks [J]. International Journal of Advanced Manufacturing Technology, 2016, 83 (1-4): 265-274.

[134] HU B, KOSTAMIS D. Managing Supply Disruptions when Sourcing from Reliable and Unreli-

able Suppliers [J]. Production and Operations Management, 2015, 24 (5): 808-820.

[135] 潘伟. 基于供应中断风险的模糊多目标订单分配模型 [J]. 管理科学学报, 2015, 3: 45-51.

[136] KAMALAHMADI M, MELLAT-PARAST M. Developing a Resilient Supply Chain Through Supplier Flexibility and Reliability Assessment [J]. International Journal of Production Research, 2016, 54 (1): 302-321.

[137] JAIN V, KUNDU A, CHAN F T S, et al. A Chaotic Bee Colony Approach for Supplier Selection-Order Allocation with Different Discounting Policies in a Coopetitive Multi-Echelon Supply Chain [J]. Journal of Intelligent Manufacturing, 2015, 26 (6): 1131-1144.

[138] HUANG Y-S, HO R-S, FANG C-C. Quantity Discount Coordination for Allocation of Purchase Orders in Supply Chains with Multiple Suppliers [J]. International Journal of Production Research, 2015, 53 (22): 6653-6671.

[139] LIU W H, GE M Y, XIE W C, et al. An Order Allocation Model in Logistics Service Supply Chain Based on the Pre-Estimate Behaviour and Competitive-Bidding Strategy [J]. International Journal of Production Research, 2014, 52 (8): 2327-2344.

[140] LIU W H, LIU C L, XU X C, et al. An Order Allocation Model in Multi-Period Logistics Service Supply Chain Based on Cumulative Prospect Theory and Capacity Matching Constraint [J]. International Journal of Production Research, 2014, 52 (22): 6608-6626.

[141] LIU W H, LIU C L, GE M Y. An Order Allocation Model for the Two-Echelon Logistics Service Supply Chain Based on Cumulative Prospect Theory [J]. Journal of Purchasing and Supply Management, 2013, 19 (1): 39-48.

[142] DANIELS T R, DONGES J, HEINEMANN F. Crossing Network Versus Dealer Market: Unique Equilibrium in the Allocation of Order Flow [J]. European Economic Review, 2013, 62: 41-57.

[143] VENTURA J A, VALDEBENITO V A, GOLANY B. A Dynamic Inventory Model with Supplier Selection in a Serial Supply Chain Structure [J]. European Journal of Operational Research, 2013, 230 (2): 258-271.

[144] YU Y, HONG Z, ZHANG L L, et al. Optimal Selection of Retailers for a Manufacturing Vendor in a Vendor Managed Inventory System [J]. European Journal of Operational Research, 2013, 225 (2): 273-284.

[145] REUTER C, GOEBEL P, FOERSTL K. The Impact of Stakeholder Orientation on Sustainability and Cost Prevalence in Supplier Selection Decisions [J]. Journal of Purchasing and Supply Management, 2012, 18 (4): 270 – 281.

[146] SHI W, FENG T. Examining Supply Contracts Under Cost and Demand Uncertainties from Supplier's Perspective: A Real Options Approach [J]. International Journal of Production Research, 2016, 54 (1): 83 – 97.

[147] NAIR A, JAYARAM J, DAS A. Strategic Purchasing Participation, Supplier Selection, Supplier Evaluation and Purchasing Performance [J]. International Journal of Production Research, 2015, 53 (20): 6263 – 6278.

[148] LIENLAND B, BAUMGARTNER A, KNUBBEN E. The Undervaluation of Corporate Reputation as a Supplier Selection Factor: An Analysis of Ingredient Branding of Complex Products in the Manufacturing Industry [J]. Journal of Purchasing and Supply Management, 2013, 19 (2): 84 – 97.

[149] KOUFTEROS X, VICKERY S K, DROEGE C. The Effects of Strategic Supplier Selection on Buyer Competitive Performance in Matched Domains: Does Supplier Integration Mediate the Relationships? [J]. Journal of Supply Chain Management, 2012, 48 (2): 93 – 115.

[150] MESCHNIG G, KAUFMANN L. Consensus on Supplier Selection Objectives in Cross-Functional Sourcing Teams Antecedents and Outcomes [J]. International Journal of Physical Distribution & Logistics Management, 2015, 45 (8): 774 – 793.

[151] TOKAR T, ALOYSIUS J, WILLIAMS B D, et al. Bracing for Demand Shocks: An Experimental Investigation [J]. Journal of Operations Management, 2014, 32 (4): 205 – 216.

[152] HOGENBOOM A, KETTER W, DALEN J, et al. Adaptive Tactical Pricing in Multi-Agent Supply Chain Markets Using Economic Regimes [J]. Decision Sciences, 2015, 46 (4): 791 – 818.

[153] CHEN X, PANG Z, PAN L. Coordinating Inventory Control and Pricing Strategies for Perishable Products [J]. Operations Research, 2014, 62 (2): 284 – 300.

[154] CHEN W, FENG Q, SESHADRI S. Inventory – Based Dynamic Pricing with Costly Price Adjustment [J]. Production and Operations Management, 2015, 24 (5): 732 – 749.

[155] FAY S, XIE J. Timing of Product Allocation: Using Probabilistic Selling to Enhance Inventory Management [J]. Management Science, 2014, 61 (2): 474 – 484.

[156] KURATA H. How Does Inventory Pooling Work When Product Availability Influences Customers' Purchasing Decisions? [J]. International Journal of Production Research, 2014, 52 (22): 6739 – 6759.

[157] LARSON C R, TURCIC D, ZHANG F. An Empirical Investigation of Dynamic Ordering Policies [J]. Management Science, 2015 (1).

[158] TREVILLE S, SCHÜRHOFF N, TRIGEORGIS L, et al. Optimal Sourcing and Lead-Time Reduction under Evolutionary Demand Risk [J]. Production and Operations Management, 2014, 23 (12): 2103 – 2117.

[159] LÖFFLER C, PFEIFFER T, SCHNEIDER G. Controlling for Supplier Switching in the Presence of Real Options and Asymmetric Information [J]. European Journal of Operational Research, 2012, 223 (3): 690 – 700.

[160] 田军, 葛永玲, 侯丛丛. 政府主导的基于实物期权契约的应急物资采购模型 [J]. 系统工程理论与实践, 2014, 10: 2582 – 2590.

[161] DE BOER L, VAN DER WEGEN L, TELGEN J. Outranking Methods in Support of Supplier Selection [J]. European Journal of Purchasing and Supply Management, 1998, 4: 109 – 118.

[162] AWASTHI A, CHAUHAN S S, GOYAL S K. A Fuzzy Multicriteria Approach for Evaluating Environmental Performance of Suppliers [J]. International Journal of Production Economics, 2010, 126 (2): 370 – 378.

[163] ONUT S, KARA S S, ISIK E. Long Term Supplier Selection Using a Combined Fuzzy MCDM Approach: A Case Study for a Telecommunication Company [J]. Expert Systems with Applications, 2009, 36 (2): 3887 – 3895.

[164] BÜYÜKÖZKAN G. An Integrated Fuzzy Multi-Criteria Group Decision – Making Approach for Green Supplier Evaluation [J]. International Journal of Production Research, 2012, 50 (11): 2892 – 2909.

[165] WANG J – Q, HAN Z – Q, ZHANG H – Y. Multi-Criteria Group Decision-Making Method Based on Intuitionistic Interval Fuzzy Information [J]. Group Decision and Negotiation, 2014, 23: 715 – 733.

[166] YANG W – E, WANG J – Q. Multi-Criteria Semantic Dominance: A Linguistic Decision Aiding Technique Based on Incomplete Preference Information [J]. European Journal of

Operational Research, 2013, 231 (1): 171-181.

[167] ZADEH L A. Fuzzy Set [J]. Information and Control, 1965, 8 (3): 338-353.

[168] DUBOIS D, PRADE H. Fuzzy Sets and Systems Theory and Applications [M]. New York: Academic Press, 1980.

[169] BUCKLEY J J. Fuzzy Hierarchical Analysis [J]. Fuzzy Sets and Systems, 1985, 17 (3): 233-247.

[170] DUBOIS D, PRADE H. Operations on Fuzzy Numbers [J]. International Journal of Systems Science, 1978, 9 (6): 613-626.

[171] ZADEH L A. The Concept of a Linguistic Variable and Its Application to Approximate Reasoning [J]. information Sciences, 1975, 8: 199-249.

[172] CHEN C T. Extensions of the TOPSIS for Group Decision-Making Under Fuzzy Environment [J]. Fuzzy Sets and Systems, 2000, 114: 1-9.

[173] BORAN F E, GENC S, KURT M, et al. A Multi-Criteria Intuitionistic Fuzzy Group Decision Making for Supplier Selection with TOPSIS Method [J]. Expert Systems with Applications, 2009, 36: 11363-11368.

[174] SAATY T L. The Analytic Hierarchy Process [M]. New York: McGraw Hill, 1980.

[175] WEI G W. Maximizing Deviation Method for Multiple Attribute Decision Making in Intuitionistic Fuzzy Setting [J]. Knowledge-Based Systems, 2008, 21: 833-836.

[176] BELLMAN R E, ZADEH L E. Decision Making in a Fuzzy Environment [J]. Management Science, 1970, 17: B141-B164.

[177] ZIMMERMANN H-J. Fuzzy Programming and Linear Programming with Several Objective Functions [J]. Fuzzy Sets and Systems, 1978, 1: 45-55.

[178] VERMA M, SHUKLA K K. Fuzzy Metric Space Induced by Intuitionistic Fuzzy Points and its Application to the Orienteering Problem [J]. IEEE Transactions on Fuzzy Systems, 2016, 24 (2): 483-488.

[179] MONTAJABIHA M. An Extended PROMETHE II Multi-Criteria Group Decision Making Technique Based on Intuitionistic Fuzzy Logic for Sustainable Energy Planning [J]. Group Decision and Negotiation, 2016, 25 (2): 221-244.

[180] MOHAMMADI M, JULA P, TAVAKKOLI-MOGHADDAM R. Design of a Reliable Multi-Modal Multi-Commodity Model for Hazardous Materials Transportation Under Uncertainty

[J]. European Journal of Operational Research, 2017, 257 (3): 792-809.

[181] ZHOU L, GENG N, JIANG Z, et al. Combining Revenue and Equity in Capacity Allocation of Imaging Facilities [J]. European Journal of Operational Research, 2017, 256 (2): 619-628.

[182] LEJEUNE M A, MARGOT F. Solving Chance - Constrained Optimization Problems with Stochastic Quadratic Inequalities [J]. Operations Research, 2016, 64 (4): 939-957.

[183] TVERSKY A, KAHNEMAN D. Advances in Prospect Theory: Cumulative Representation of Uncertainty [J]. Journal of Risk and Uncertainty, 1992, 5 (4): 297-323.

[184] QIN J, LIU X, PEDRYCZ W. An Extended VIKOR Method Based on Prospect Theory for Multiple Attribute Decision Making Under Interval Type-2 Fuzzy Environment [J]. Knowledge - Based Systems, 2015, 86: 116-130.

[185] TAN C, IP W H, CHEN X. Stochastic Multiple Criteria Decision Making with Aspiration Level Based on Prospect Stochastic Dominance [J]. Knowledge - Based Systems, 2014, 70: 231-241.

[186] HUANG M, QIAN X, FANG S-C, et al. Winner Determination for Risk Aversion Buyers in Multi-Attribute Reverse Auction [J]. Omega, 2016, 59, Part B: 184-200.

[187] FAN Z-P, ZHANG X, CHEN F-D, et al. Multiple Attribute Decision Making Considering Aspiration-Levels: A Method Based on Prospect Theory [J]. Computers & Industrial Engineering, 2013, 65 (2): 341-350.

[188] FEESS E, MÜLLER H, SCHUMACHER C. Estimating Risk Preferences of Bettors with Different Bet Sizes [J]. European Journal of Operational Research, 2016, 249 (3): 1102-1112.

[189] BRANS J P, VINCKE P. A Preference Ranking Organisation Method: The PROMETHEE Method for MCDM [J]. Management Science, 1985, 31 (6): 647-656.

[190] FERNANDEZ E, NAVARRO J, DUARTE A, et al. Core: A Decision Support System for Regional Competitiveness Analysis Based on Multi-Criteria Sorting [J]. Decision Support Systems, 2013, 54 (3): 1417-1426.

[191] DURBACH I N. Outranking Under Uncertainty Using Scenarios [J]. European Journal of Operational Research, 2014, 232 (1): 98-108.

[192] KADZIŃSKI M, TERVONEN T, RUI FIGUEIRA J. Robust Multi-Criteria Sorting with the

Outranking Preference Model and Characteristic Profiles [J]. Omega, 2015, 55: 126 – 140.

[193] YANG W E, WANG J Q, WANG X F. An Outranking Method for Multi-Criteria Decision Making with Duplex Linguistic Information [J]. Fuzzy sets and Systems, 2012, 198: 20 – 33.

[194] WU X H, WANG J Q, PENG J J, et al. Cross-Entropy and Prioritized Aggregation Operator with Simplified Neutrosophic Sets and Their Application in Multi-Criteria Decision-Making Problems [J]. International Journal of Fuzzy Systems, 2016, 18 (6): 1104 – 1116.

[195] CORRENTE S, GRECO S, STOWIŃSKI R. Multiple Criteria Hierarchy Process with ELECTRE and PROMETHEE [J]. Omega, 2013, 41 (5): 820 – 846.

[196] CORRENTE S, FIGUEIRA J R, GRECO S. The SMAA-PROMETHEE Method [J]. European Journal of Operational Research, 2014, 239 (2): 514 – 522.

[197] YANG W – E, MA C – Q, HAN Z – Q, et al. Checking and Adjusting Order-Consistency of Linguistic Pairwise Comparison Matrices for Getting Transitive Preference Relations [J]. OR Spectrum, 2015, 9 (1).

[198] KABIR G, SUMI R S. Power Substation Location Selection Using Fuzzy Analytic Hierarchy Process and PROMETHEE: A Case Study from Bangladesh [J]. Energy, 2014, 72: 717 – 730.

[199] CHEN T – Y. An Interval Type-2 Fuzzy PROMETHEE Method Using a Likelihood – Based Outranking Comparison Approach [J]. Information Fusion, 2015, 25: 105 – 120.

[200] KUANG H, KILGOUR D M, HIPEL K W. Grey – Based PROMETHEE II with Application to Evaluation of Source Water Protection Strategies [J]. Information Sciences, 2015, 294: 376 – 389.

[201] XU J, SHEN F. A New Outranking Choice Method for Group Decision Making Under Atanassov's Interval-Valued Intuitionistic Fuzzy Environment [J]. Knowledge – Based Systems, 2014, 70: 177 – 188.

[202] JOSHI D, KUMAR S. Interval-Valued Intuitionistic Hesitant Fuzzy Choquet Integral Based TOPSIS Method for Multi-Criteria Group Decision Making [J]. European Journal of Operational Research, 2016, 248 (1): 183 – 191.

[203] FACCHINETTI G, RICCI R G, MUZZIOLI S. Note on Ranking Fuzzy Triangular Numbers

[J]. International Journal of Intelligent Systems, 1998, 13: 613 – 622.

[204] XU Z – S. Study on Method for Triangular Fuzzy Number Based Multi-Attribute Decision Making with Preference Information on Alternatives [J]. Systems Engineering and Electronics, 2002, 24 (8): 9 – 12.

[205] KAHNEMAN D, TVERSKY A. Prospect Theory: An Analysis of Decision Under Risk [J]. Economica, 1979, 47 (2): 263 – 291.

[206] KAHNEMAN D, AMOS T. Prospect Theory: An Analysis of Decision Under Risk [J]. Econometrica, 1979, 2: 263 – 292.